Se vend à PARIS

Chez { les Auteurs, rue du Coq-Saint-Jean, n° 4;
      P. Didot l'aîné, rue du Pont de Lodi, n° 6;
      Et les principaux Libraires.

PUBLIÉ A PARIS,

ARCHITECTURE
TOSCANE
OU
PALAIS, MAISONS,
ET AUTRES
ÉDIFICES
DE LA TOSCANE.

FIRENZE

SIENNA

AREZZO

PISTOIA

L'AN MDCCCXV.

ARCHITECTURE

TOSCANE,

OU

PALAIS, MAISONS,

ET AUTRES ÉDIFICES

DE LA TOSCANE,

MESURÉS ET DESSINÉS

Par A. GRANDJEAN DE MONTIGNY et A. FAMIN,

ARCHITECTES,

ANCIENS PENSIONNAIRES DE L'ACADÉMIE DE FRANCE, A ROME.

A PARIS,

DE L'IMPRIMERIE DE P. DIDOT L'AINÉ.

MDCCCXV.

PRÉFACE.

L'Italie, cette belle patrie des arts, offre une si singulière variété dans le caractère de son architecture, qu'à ne considérer que le style des édifices, on croiroit placées à des distances immenses les unes des autres, des villes qui se touchent. C'est ainsi que Venise et Padoue, Turin et Gênes, présentent, sous le rapport de l'art, un aspect totalement différent.

Nous n'examinerons point les causes de cette variété, qui surprend en même temps et charme tous ceux qui parcourent ces belles contrées ; cette question est entièrement étrangère à notre sujet. Mais nous osons assurer que, si cette différence de style est remarquable dans toutes les parties de l'Italie, on en est frappé bien plus vivement encore lorsque, après avoir vu Bologne, ses élégants portiques et ses jolies habitations ; après avoir traversé les Apennins, où la nature se montre dans tout l'appareil de sa majesté sauvage, on découvre tout-à-coup Florence (1), avec ses tours et ses palais, gigantesques comme les montagnes qui leur servent de fond.

C'est là qu'on se demande, avec une admiration mêlée d'un certain effroi, quelle force a transporté ces pierres énormes, quelles mains ont élevé ces immenses édifices dont l'œil mesure avec peine la hauteur. On ne peut se persuader qu'ils soient l'ouvrage d'hommes ordinaires : on y entre avec respect, croyant les trouver habités par des êtres d'une nature supérieure à la nôtre. Soit que l'œil s'arrête sur les monuments du siècle de Côme Medici, soit qu'il contemple ceux des temps qui l'ont précédé ou suivi, tout, dans cette cité imposante, porte l'empreinte de la grandeur et de la majesté.

Les fréquentes révolutions dont Florence fut si long-temps le théâtre, obligèrent ses principaux habitants, chefs des divers partis, d'accorder leur sûreté personnelle avec la magnificence de leurs demeures. De là vient ce caractère

(1) Florence, située sur l'Arno, dans une position délicieuse, paroît avoir été au nombre des anciennes villes étrusques. Les triumvirs y envoyèrent une colonie nombreuse, environ soixante ans avant Jésus-Christ : Florus la compte parmi les villes municipales les plus considérables de l'Italie. Dans le sixième siècle, après la chute de l'empire d'Occident, elle se défendit contre les Goths, fut prise par eux, puis reprise par Narsès, et presque entièrement détruite. Charlemagne s'occupa, vers 781, de la rebâtir et de la repeupler. Florence fut une des premières villes d'Italie qui, dès le douzième siècle, adoptèrent la forme du gouvernement républicain aristocratique. Déchiré par des factions intestines sans cesse renaissantes, l'état n'en devint pas moins riche et puissant. Les Medici, qui en avoient été long-temps les premiers et les plus illustres citoyens, finirent par s'en rendre les souverains, sous le nom de Grands-Ducs, en 1569.

de force qui distingue l'architecture florentine. Mais les habiles artistes qui ont élevé ces monuments, savoient allier, dans leurs conceptions, la grace avec la grandeur et la simplicité. Lorsqu'on entre dans ces palais, dont l'aspect extérieur est d'une si noble sévérité, on s'étonne d'y trouver des modèles du goût le plus exquis et le plus délicat. Par exemple, l'intérieur de la cour du vieux palais, contraste singulièrement avec la façade extérieure de ce monument. Qui pourroit, en effet, s'attendre à trouver là un portique formé de colonnes de stuc sur un fond d'or, des voûtes couvertes d'arabesques de l'école de Raphaël; et, comme si l'œil n'avoit pas assez de toutes ces richesses, une fontaine de l'architecture la plus élégante, qui s'élève au milieu de cette cour?

Ce que nous venons de dire suffit pour prouver que les Toscans n'ont pas tout sacrifié à un goût désordonné pour le gigantesque; et que, s'ils ont épargné les détails dans leurs monuments, c'est afin de se conformer à ce grand principe: *Plus on augmente la masse, et moins on doit multiplier les détails.*

Florence, par la simplicité, l'ordonnance et la pureté de ses édifices, est, après Rome antique, la ville la plus intéressante pour tous ceux qui étudient l'architecture, ou les beaux-arts qui ont quelque rapport avec elle. C'est à Florence que Le Poussin a trouvé la plus grande partie de ces beaux fonds qui transportent le spectateur dans une ville antique. Cependant les monuments de cette belle cité sont entièrement inconnus à tous ceux qui ne l'ont pas visitée; car le style de ses édifices la distingue tellement des autres villes d'Italie, que les ouvrages qu'on a publiés sur celles-ci, ne peuvent donner aucune idée de l'architecture florentine.

Le plaisir que nous éprouvâmes en voyant Florence, nous donna la pensée d'offrir à nos compatriotes une partie des richesses qu'elle renferme. Plusieurs mois de séjour dans cette ville, (1) nous ayant aplani des difficultés qui nous avoient d'abord paru insurmontables, non seulement nous en avons dessiné les principaux monuments, mais nous avons mesuré tous les détails de ces édifices avec un soin poussé souvent jusqu'à l'extrême, persuadés que le principal mérite d'un ouvrage tel que le nôtre, devoit être la plus scrupuleuse exactitude.

Afin de rendre notre travail complet, nous avons visité Sienne, Arezzo, Pise, Pistoie, et les autres villes de la Toscane, où nous avons suivi la même méthode et obtenu les mêmes résultats. C'est ce qui nous permet de donner

---

(1) M. Desmarais, peintre françois, non content de nous avoir rendu les plus grands services dans des circonstances pénibles, nous a facilité un travail que sans lui nous n'eussions pas entrepris. L'estime dont il jouissoit en Toscane, nous a ouvert les portes de plusieurs palais, qui, contre l'usage de l'Italie, sont toujours fermées pour les étrangers.

au public, non pas une idée de l'architecture toscane, mais l'architecture toscane elle-même, mesurée avec autant de soin que Desgodets en a mis dans
son ouvrage sur les monuments de Rome antique.

Encouragés par le suffrage de plusieurs architectes distingués, nous pu-
blions aujourd'hui notre ouvrage, composé de cent neuf planches, divisées
en dix-huit livraisons (1), et d'un texte explicatif destiné à faire connoître la
situation des monuments, la date et les particularités de leur construction,
les noms des artistes auxquels ils sont dus. Nous ajoutons à la fin une table
chronologique de ces mêmes artistes, avec un renvoi aux planches où leurs
ouvrages se trouvent gravés. A la représentation des principaux édifices de
Florence et de la Toscane, nous avons joint, sur les planches qui servent de
frontispice à chaque livraison, un choix de monuments de l'art, tant antiques
que modernes, tirés des principaux musées et de diverses églises du pays.

On voit assez que nous nous sommes fait un devoir de suivre, dans la publication de l'architecture toscane, la marche que MM. Percier et Fontaine,
nos maitres, nous ont tracée dans celle des palais et maisons de Rome.
Heureux si, nous étant proposé leur exemple pour modèle, nous réussissons
comme eux à servir l'art et à obtenir l'approbation des artistes; si, en retra-
çant fidèlement aux amateurs qui ont visité Florence, les monuments qu'ils
y ont admirés, notre ouvrage peut donner à ceux qui ne connoissent point
cette belle partie de l'Italie, une juste idée des travaux d'un Arnolfo di Lapo,
d'un Brunelleschi, d'un Léon-Baptiste Alberti, et de tant d'autres illustres
Toscans, qui se sont montrés les dignes héritiers du génie des architectes
grecs et romains!

---

(1) Des circonstances particulières ont interrompu cette publication à la douzième livraison. Les
occupations de M. Famin ne lui permettant plus d'y prendre part, M. Grandjean de Montigny,
resté seul propriétaire, a, depuis cette époque, dirigé seul l'exécution du reste de l'ouvrage. Si,
malgré les soins qu'il a pris et les nombreuses recherches qu'il a faites pour la rédaction du texte,
il s'y étoit glissé quelques erreurs, comme elles ne doivent être imputées qu'à lui, c'est à lui seul
qu'il appartient de solliciter l'indulgence du public.

VUE DE LA PORTE DU VIEUX PALAIS ET DE LA PLACE DU GRAND DUC A FLORENCE.

PLAN GÉNÉRAL DU PALAIS PITTI A FLORENCE.

A   *Grande cour*
B   *Grotte*
C   *Chapelle*

D   *Petite Cour*
E   *Entrée publique des Jardins*
F   *Amphithéâtre*

ARCHITECTURE TOSCANE

EXPLICATION DES PLANCHES.

FLORENCE.

PLANCHE PREMIERE.

Porte du vieux palais, servant de cadre à la vue de la place du Grand-Duc.

Aux deux côtés de cette porte, qui donne entrée dans la cour du vieux palais, on remarque deux figures colossales, Hercule, vainqueur de Cacus, et David : la première est de *Baccio Bandinelli*, qui la fit en 1522, comme l'annonce l'inscription placée sur le piédestal ; l'autre est de *Michel Ange*, qui la termina en 1504. La statue équestre en bronze, sur la place, est de *Jean de Bologne*, ainsi que les bas-reliefs qui en décorent le piédestal ; la fontaine, au centre de laquelle se trouve la statue colossale de Neptune, est de *Bartolomeo Ammanati*. La loge (1) des Lances, *loggia de' Lanzi*, que l'on voit à droite, est détaillée et sur une plus grande échelle, à la planche LXXXV, ainsi que le palais des Offices, aux planches LXXVII et LXXIX.

La place du Grand-Duc, quoique de forme irrégulière, est une des plus remarquables de l'Italie, par le grand nombre et par la richesse des monuments qui s'y trouvent réunis.

PLANCHE II.

Plan général du palais Pitti.

Il est situé à l'une des extrémités de la ville, entre la rue Guicciardini et la rue Romana. Sa disposition est de la plus grande magnificence, quoique simple dans ses détails. A droite et à gauche de la place qui le précède, sont deux portiques, servant de communication aux bâtiments de service, et de promenoirs à la garde du palais. On arrive, par un vaste vestibule, dans une cour entourée de trois portiques, sous lesquels les voitures circulent librement, et qui servent de dégagements aux appartements qui sont disposés autour.

---

(1) Le mot italien *loggia*, dans la langue de l'art, signifie une espèce de portique, ou de galerie ouverte extérieurement. Nous emploierons comme équivalent, dans cet ouvrage, le mot *loge*, qui a déja le même sens en françois, dans plusieurs locutions, et notamment dans celle-ci : Les loges du Vatican.

1

Sur les côtés, sont deux autres cours, également entourées de portiques; mais ceux-ci n'ont pas été terminés.

Au fond de la grande cour, se trouve une grotte de forme ovale, ornée de vasques et de statues, dont la voûte est décorée d'arabesques exécutés en mosaïque, et supporte un bassin de même forme, avec des fontaines jaillissantes.

De grands escaliers reportent au sol du premier étage, et conduisent dans un vaste cirque entouré de gradins, servant à donner des fêtes; ce qui termine avantageusement cette belle disposition.

Ce fut Luca Pitti, riche citoyen de Florence, qui, voulant faire élever un palais qui égalât en magnificence ceux que les Médici avoient fait construire, fit commencer celui-ci, vers l'an 1435, par *Filippo Brunelleschi*, l'un des architectes les plus distingués du quinzième siècle, et le génie le plus extraordinaire qui parût à cette époque. Cet habile maître parvint, par l'étude qu'il fit des monuments antiques, à ramener l'architecture à son véritable principe, à cette noble simplicité qui caractérise la plupart de ses ouvrages. Il chargea *Luca Fancelli*, architecte florentin, de la conduite du palais Pitti : le même artiste fut souvent employé par *Brunelleschi* et par *Leon Baptista Alberti* dans les grands travaux qu'ils exécutèrent.

Le palais n'étant pas terminé à la mort de Luca Pitti, dont la fortune étoit beaucoup diminuée, ses héritiers consentirent à le vendre à Eleonora de Tolède, femme de Côme I"; elle acheta aussi les terrains adjacents, et fit planter le beau jardin connu sous le nom de Boboli. Il fut commencé à la fin de mai 1550, sur les dessins de *Nicolo Braccini*, surnommé *il Tribolo*, sculpteur et architecte florentin, et continué par *Bernardo Buontalenti*, dont il est parlé dans l'explication de la planche IV. Le palais fut terminé d'après les dessins de *l'Ammanati*, et de *Alfonzo* et *Giulio Parigi*; et, grace aux travaux qu'y firent exécuter les dix Grands-Ducs qui l'habitèrent successivement, il parvint à un tel point de magnificence, qu'on peut le regarder aujourd'hui comme l'un des plus beaux palais de l'Europe.

PLANCHE III.

Façade géométrale du palais Pitti.

Les trois étages qui la composent ont entre eux un heureux rapport : ils sont divisés par des corniches semblables, dont la saillie forme des balcons qui servent, à chaque étage, de communications extérieures aux appartements.

L'unité de style qui règne dans cette façade, lui donne un caractère de grandeur, qui s'accroît encore, lorsque l'œil mesure de près les blocs énormes employés à sa construction.

Coupe du même palais.

Sa disposition sur un terrain en pente douce est bien ménagée. Les constructions, commencées par *Brunelleschi*, qui les éleva jusqu'à la hauteur du second étage, furent continuées par *l'Ammanati*, architecte et sculpteur florentin, qui eut la direction de

CABADE GEOMETRALE DU PALAIS PITTI A FLORENCE

COUPE DE LA COUR DU PALAIS PITTI.

VUE PERSPECTIVE DU PALAIS PITTI, PRISE DE L'AMPHITHEATRE DU JARDIN BOBOLI.

ces travaux lorsque Côme I devint possesseur du palais. Il construisit la grande cour, et la grotte qui la ferme du côté du jardin, et qui est surmontée d'une belle fontaine jaillissante, formant un point de vue agréable tant au palais qu'à l'amphithéâtre. Cet amphithéâtre, construit tout en pierre, est orné, dans son pourtour, de petits monuments décorés de statues, et liés entre eux par une riche balustrade formée de petites colonnes : il a pour fond les bosquets du jardin Boboli, dont il fait partie.

PLANCHE IV.

Partie détaillée de la façade du même palais.

Les croisées qui sont entre les arcs du rez-de-chaussée sont de *l'Ammanati.* Il fut assisté, dans tous les travaux qu'il fit dans ce palais, par *B. Buontalenti,* architecte florentin, qui exécuta la superbe grotte qui décore le jardin Boboli, ainsi que la forteresse que Ferdinand I y fit commencer en 1590.

Vers l'an 1640, la façade du palais ayant pris beaucoup de surplomb, *Alfonzo Parigi,* également architecte florentin, rétablit les constructions dans leur état primitif, par des moyens très ingénieux. C'est d'après les dessins de *Giulio Parigi,* son père, que l'on ajouta les galeries qui se prolongent aux deux côtés de la place, et ce fut *Alfonzo* qui exécuta celle qui est à droite.

PLANCHE V.

Coupe de la cour du même palais.

L'Ammanati, qui fit la cour de ce palais, voulant lui donner un caractère de fermeté qui correspondît à la façade extérieure, la décora de trois ordres, dorique au rez-de-chaussée, ionique au premier, et corinthien au second ; mais les colonnes engagées, dont le galbe se perd au milieu des bossages dont elles sont formées, en blessant le bon goût, détruisent l'effet désiré. Cet exemple, trop souvent imité, devroit être à jamais rejeté comme contraire au bon sens, et encore plus à cette noble simplicité qu'on doit rechercher dans l'emploi des colonnes : il n'y a pas de doute qu'ici elles brilleroient beaucoup plus, dégagées de leurs bossages, sans nuire pour cela au caractère de gravité que l'architecte s'étoit proposé. Les entablements qui couronnent ces trois ordres, sont d'une bonne proportion, et les profils en sont purs. L'architecture de cette cour paroît avoir servi de type pour le palais du Luxembourg à Paris.

PLANCHE VI.

Vue perspective du même palais, prise de l'amphithéâtre du jardin Boboli.

A droite on voit le commencement du cirque, qui se développe sur la gauche. Les deux ailes du palais n'ont pas été terminées; et il paroît que l'intention de l'architecte étoit d'y faire deux loges, décorées de colonnes d'ordre corinthien : ces loges ont été murées depuis. L'obélisque qui est au milieu du cirque, se trouvoit autrefois dans les jardins de la Villa Medici, sur le mont Pincio, à Rome : il fut transporté à Florence par Léopold II, ainsi que les statues et les lions qui ornent la grande loge des Lances, sur la place du Grand-Duc.

PLANCHE VII.

Corniche du palais Pitti.

Elle sépare les trois étages de la façade du palais. Sa belle exécution, ainsi que celle de la balustrade qui la surmonte, contraste avantageusement avec le travail heurté des bossages. Il paroîtroit que ce sont les premières balustrades qui aient été employées; et le nom générique de *colonnette*, que les Italiens donnent à toutes les espèces de balustrades, confirmeroit cette opinion. Il est à croire que *Brunelleschi* en aura trouvé quelques exemples dans les monuments antiques.

PLANCHE VIII.

Plan et vue perspective de l'Isola Bella, dans les jardins Boboli.

Cette île est située au milieu des bosquets. Deux allées en pente douce y conduisent: elles sont ornées de statues et de vases en marbre, et bordées, des deux côtés, de cascades cachées au milieu de lauriers et d'arbres verts, dont les eaux vont se perdre dans le vaste bassin qui entoure l'île. Son pourtour intérieur est décoré de balustrades en marbre. A la tête de chacun des ponts par lesquels on y arrive, sont des colonnes et des groupes, également en marbre. Au centre est une grande vasque en granit, surmontée de la statue colossale de l'Océan; au-dessous sont trois autres figures de moindre proportion, représentant le Nil, le Gange, et l'Euphrate. Autour du piédestal qui supporte la grande vasque, on a pratiqué un banc circulaire, disposé de manière que le spectateur, assis sous la vasque qui lui sert de couvert, se trouve entouré des cascades qui s'en échappent. Cette composition est de *Giorgio Vasari*, et les statues sont de *Jean de Bologne*. Les bosquets qui entourent l'île sont taillés en niches, où l'on a placé des bancs demi-circulaires. Le goût et la recherche qui règnent dans tous les détails, donnent à cette composition l'aspect le plus agréable.

PLANCHE IX.

Tombeau de Carlo Marzuppini, dans l'église de Santa Croce.

Cette planche, qui fait le frontispice du second cahier, se trouve placée la neuvième, afin de ne point rompre la suite des planches relatives au palais Pitti.

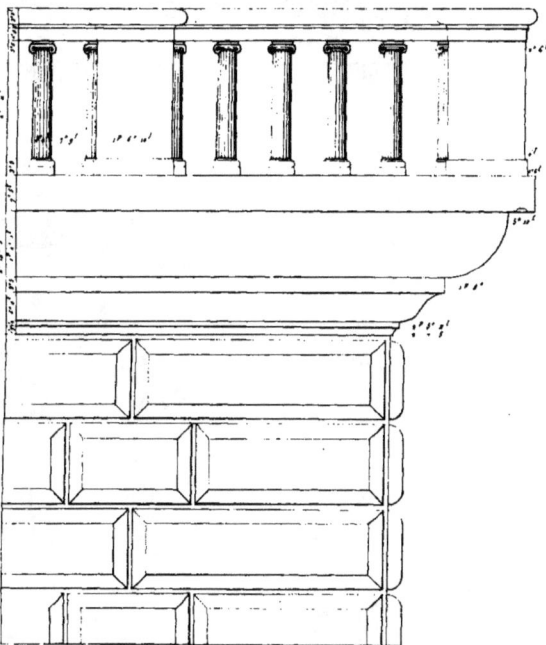

CORNICHE DU PALAIS PITTI.

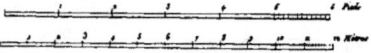

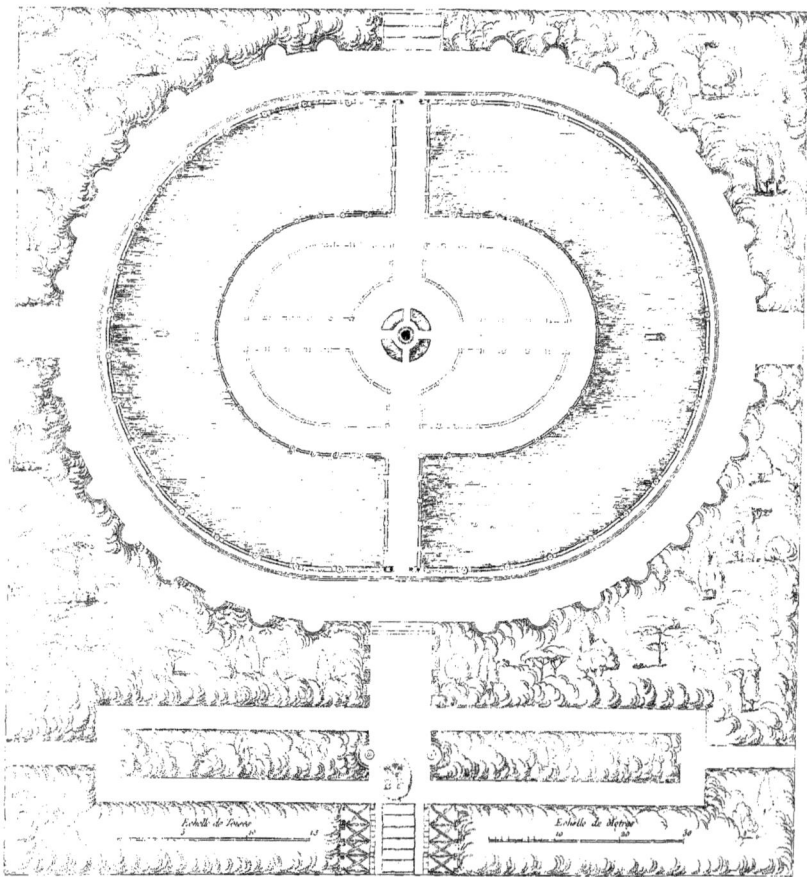

PLAN ET VUE PERSPECTIVE DE L'ISOLA BELLA DANS LES JARDINS BOBOLI, A FLORENCE.

ARCHITECTVRE TOSCANE SECOND CAHIER

DÉTAIL DU TOMBEAU
DE CARLO MARZVPPINI PORTE TOSCAN
DANS L'ÉGLISE STE CROIX
A FLORENCE.

Echelle de l'Entablement.   Pied.

Echelle du Sarcophage.   Pied.

PLAN ET ÉLÉVATION GÉOMÉTRALE DE LA CHAPELLE DES PAZZI DANS LE CLOÎTRE DE Ste CROIX, A FLORENCE.

Le monument qu'elle présente, lut élevé à la mémoire de Carlo Marzuppini, poëte toscan et secrétaire de la république vers la fin du quatorzième siècle. Il est l'ouvrage de *Desiderio Settignano,* sculpteur florentin, dont les travaux datent de *1485,* suivant *Vasari.* Il est exécuté tout en marbre blanc, à l'exception des tables du fond, qui sont en marbre rouge veiné.

PLANCHE X.

Détails du même tombeau.

Les profils de l'entablement sont assez bien entendus ; l'exécution en est fine. L'architrave, trop chargée d'ornements, n'est pas en harmonie avec la simplicité de la corniche. Tous les arabesques qui décorent ce tombeau sont agencés avec goût : cette sculpture rappelle les stucs que l'on voit encore dans une des chambres de la Villa Adriana, à Tivoli, près de Rome.

PLANCHE XI.

Plan et élévation géométrale de la chapelle des Pazzi, dans le cloître de Santa Croce.

Andrea Pazzi, dont la famille, l'une des plus anciennes de Florence, est célèbre dans l'histoire de la république par sa constante opposition à l'agrandissement des Médici, fit construire cette chapelle en 1420. Il en confia l'exécution à ce même *Filippo Brunelleschi,* dont il a été parlé précédemment.

Ce petit monument est d'une disposition simple. Le portique qui précède la chapelle, et qui lui sert de vestibule, lui donne la noblesse convenable aux édifices sacrés. L'architecture en est pure, quoiqu'elle ne soit pas entièrement dégagée du goût mixte qui régnoit à cette époque. Quoique *Brunelleschi* ait cherché à s'en écarter dans ses productions, on le remarque encore dans la proportion des croisées qui sont sous le portique, ainsi que dans l'ajustement de l'archivolte du grand arc, qui va se perdre dans les pilastres de l'attique. L'ordre corinthien du portique est d'une belle proportion ; mais l'entablement qui est au-dessus paroît un peu maigre. Ce monument est construit en belle pierre de Florence (1) ; les colonnes sont d'un seul morceau. L'attique est décoré de pilastres cannelés, entre lesquels sont incrustées des tables de marbres précieux ; l'entablement qui le couronne est d'une heureuse proportion dans toutes ses parties, et d'un profil pur. La sculpture qui décore ce monument se fait aussi remarquer par la finesse de son exécution ; de sorte que l'on peut regarder cette production comme une des plus heureuses de *Brunelleschi.*

(1) *Pietra serena.* Cette pierre est très dure, et prend le poli. Elle est d'un gris bleu, et se trouve en abondance en Toscane ; la plus belle se tire de Fiesole, près de Florence. Presque tous les édifices en sont construits. Cette pierre réussit mieux dans les intérieurs ; exposée à la pluie, à l'humidité ou à la gelée, elle se fend et se détruit.

a

PLANCHE XII.

Coupe et détails de la chapelle des Pazzi.

Elle est décorée de pilastres cannelés, d'ordre corinthien, qui reçoivent des arcs doubleaux riches de sculptures.

Les bas-reliefs, plus grands que nature, représentant les quatre évangélistes, qui sont dans les pendentifs, ainsi que les médaillons, la frise, et la petite voûte du vestibule, dont le détail est sur la même planche, sont exécutés en terre cuite coloriée par *Luca della Robbia,* sculpteur florentin, à qui l'on doit cette heureuse découverte. La chapelle des Pazzi est un des premiers monuments où il employa ce genre de sculpture, peu dispendieux et d'un effet très agréable. On trouve en Italie beaucoup d'édifices dont les corniches et les ornements extérieurs sont de la même matière, et n'ont pas été endommagés par le temps.

Les autres décorations de cette chapelle sont sculptées en pierre par *Donatello.* On voit, sur la même planche, les détails de l'entablement du portique avec le chapiteau des colonnes, ainsi que l'entablement et les pilastres de l'attique.

PLANCHE XIII.

Vue perspective de la même chapelle.

L'élégante proportion de ce petit monument contraste agréablement avec les anciennes constructions du cloître, et donne à cette vue un aspect très pittoresque. On remarque que le stylobate sur lequel repose la voûte, n'a pas été entièrement terminé; et c'est d'après les mesures données par la coupe, que l'on s'est permis d'en faire la restauration telle qu'elle se voit à la planche XII.

PLANCHE XIV.

Frontispice du troisième cahier.

Sur cette planche sont réunis divers fragments, tirés des musées et des églises de Florence. Le fût de colonne, décoré d'arabesques, qui est sur le premier plan, vient de l'église de la Santa Trinita : la tête de Minerve, qui est posée dessus, appartient au muséum de Florence. Le piédestal en marbre, dont le bas-relief représente deux figures ailées tenant une couronne, est dans l'église de Santo Pancrazio; le tombeau qu'il supporte est celui de l'Arétin, poète toscan : il est placé dans l'église de Santa Croce, en face du tombeau de C. Marzuppini, dont il ne diffère que par la forme du sarcophage. La corniche, ornée de têtes de lions, est celle du stylobate de l'intérieur de la loge des Lances, sur la place du Grand-Duc; la frise placée au-dessus, et qui représente les quatre saisons, est sculptée sur l'une des colonnes de la cour du vieux palais.

Pl. 12.

COUPE DE LA CHAPELLE DES PAZZI

ENTABLEMENT SUPÉRIEUR.

VOUTE DU PORTIQUE EXTÉRIEUR, EXÉCUTÉE EN FAYENCE.

DETAIL, ENTABLEMENT DU PREMIER ORDRE.

DÉTAILS DU PORTIQUE EXTÉRIEUR DE LA CHAPELLE DES PAZZI A FLORENCE.

VUE PERSPECTIVE DE LA CHAPELLE DES PAZZI DANS LE CLOÎTRE SAINTE CROIX, A FLORENCE.

ARCHITECTVRE
TOSCANE
IIIᵉ CAHIER.

Pl. 14

PLAN DU PALAIS STROZZI, A FLORENCE

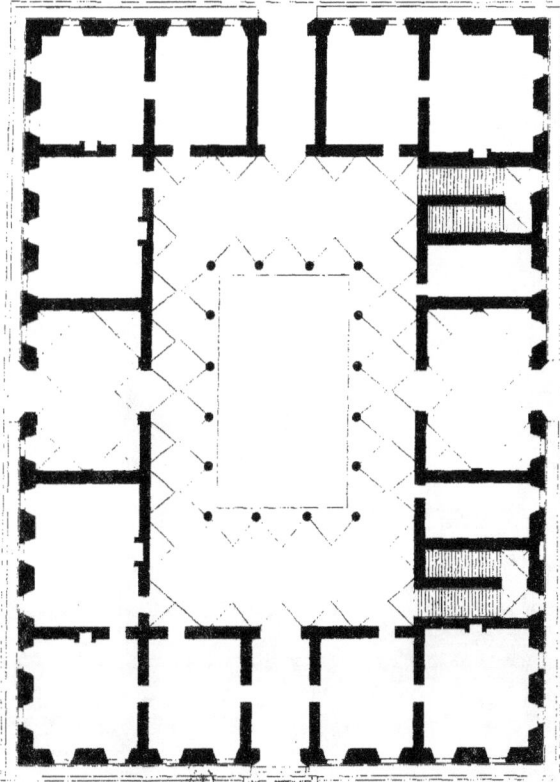

FAÇADE GÉOMÉTRALE DU PALAIS STROZZI A FLORENCE

FAÇADE GÉOMÉTRALE DU PALAIS STROZZI A FLORENCE

Pl. 1.er

COUPE DU PALAIS STROZZI.

PLANCHE XV.

Plan du palais Strozzi.

Il est isolé de toutes parts, entre la rue du même nom et celle des Legnajuoli : son plan, sur un parallélogramme de 180 pieds de long et de 128 pieds de large, est d'une disposition simple. Les portiques qui entourent la cour sont doubles de largeur dans les deux bouts ; ils servent de dégagements aux appartements qui, distribués autour, sont éclairés à l'extérieur. Ces appartements sont destinés aux intendants et facteurs, chargés de l'administration des biens. Des parloirs et des archives font toujours partie de cette distribution, généralement adoptée dans les palais florentins. Philippe Strozzi, dit *le vieux*, fit commencer celui-ci, vers l'an 1489, par *Benedetto da Maiano*, archi-tecte et sculpteur florentin : il fut continué et terminé par *Simone Pallajuolo*, dit le *Cronaca*, architecte florentin.

PLANCHE XVI.

Façade géométrale du même palais.

Benedetto da Maiano, qui commença ce palais, en éleva la façade jusqu'à la hauteur du second étage. Il lui donna un caractère de force et de solidité, nécessité par les guerres intestines qui régnoient à cette époque, et qui obligeoient souvent les principaux ci-toyens à se retirer dans leurs palais pour s'y mettre à l'abri des séditions populaires. *Le Cronaca*, à son retour de Rome, ayant été chargé de continuer ce palais, l'acheva dans le même style, et le couronna d'une belle corniche, imitée, selon de *Vasari*, d'un fragment antique qui se voyoit à Rome, à Spoglia di Cristo. En l'adoptant, il la proportionna si bien à sa composition, que cette heureuse imitation fut généralement approuvée, et fit connoître évidemment tout l'avantage qu'un habile architecte pouvoit tirer de l'étude des monuments antiques.

PLANCHE XVII.

Coupe du même palais.

La cour, entièrement l'ouvrage du *Cronaca*, est décorée de trois rangs de loges. Le premier rang, composé de colonnes d'ordre corinthien supportant des arcs, est d'une proportion agréable ; le second, dont les arcs sont supportés par des pieds droits, paroît un peu lourd au-dessus des colonnes ; le troisième est formé de colonnes supportant une corniche en plate-bande exécutée en charpente, et couronne agréablement cette cour, dont la proportion générale est de l'effet le plus agréable. Les détails en sont purs, et justifient ce que nous venons de dire des études et des talents du *Cronaca*, l'un des architectes qui ont le plus contribué à ramener l'art au degré de perfection qu'il obtint dans ces beaux siècles.

La cour, en s'agrandissant à sa sommité, laisse facilement entrer le jour sous les portiques, dont l'architecture contraste si agréablement avec le caractère ferme de la façade.

PLANCHE XVIII.

Détails du palais Strozzi.

Sur cette planche sont réunis les détails des corniches extérieures du palais : ils sont d'une belle exécution. Le chambranle des portes se réunit avec le stylobate, qui sert d'empâtement au palais, et dont l'usage est général dans presque toutes les constructions de la Toscane. Outre le caractère monumental que ces stylobates donnent aux palais, ils en garantissent les fondations contre les eaux pluviales, contribuent beaucoup à leur conservation, et sont assez saillants pour servir de bancs.

Les corniches, sur lesquelles reposent les croisées et qui divisent les étages, sont bien senties ; et leur saillie, ménagée de manière à ne pas nuire à la grande ligne du palais, laisse à la corniche supérieure toute sa valeur. Celle-ci est d'un très beau travail, et a été construite de manière à ne pas trop charger les murs qu'elle couronne : elle fut trouvée si belle, qu'on l'appela vulgairement la corniche d'or.

PLANCHE XIX.

Vue de la rue qui conduit au pont de la Trinité, prise à l'angle du palais Strozzi.

Sur la gauche de cette planche, on voit, à l'angle du palais Strozzi, plusieurs des anneaux et un des fanaux en fer forgé qui le décorent ; ils sont attribués à *Niccolo Grosso,* dit *Cappara,* forgeron florentin. Ces ornements paroissent avoir été, dans l'origine, des signes distinctifs, des espèces de priviléges honorifiques, accordés aux citoyens qui avoient rendu quelques services à la république, ou qui avoient acquis quelque célébrité dans la toge, dans les armes, ou dans les belles lettres : par la suite, ils furent employés à la décoration de tous les palais.

La colonne que l'on voit au fond, sur la place de la Santa Trinita, est de granit oriental. Elle vient des thermes d'Antonin Caracalla, à Rome, et fut donnée par Pie IV à Côme Ier, qui la fit élever sur cette place, pour éterniser le souvenir de la victoire qu'il avoit remportée, en 1537, sur Pierre Strozzi, chef des émigrés florentins. Ce ne fut qu'en 1565 qu'il fit commencer ce monument, sur le lieu même où il avoit reçu la nouvelle de la défaite de ses ennemis. La colonne est surmontée d'une statue de la Justice, exécutée en porphyre par *Francesco Ferucci,* habile sculpteur de ce temps, auquel on attribue la trempe des outils propres à travailler les pierres dures.

Quoique le monument n'ait été achevé qu'en 1581, Come Ier fit graver sur l'inscription la date de 1570, époque à laquelle le pape Pie V le couronna premier grand-duc de Toscane.

Pl. 16

DÉTAILS DU PALAIS STROZZI

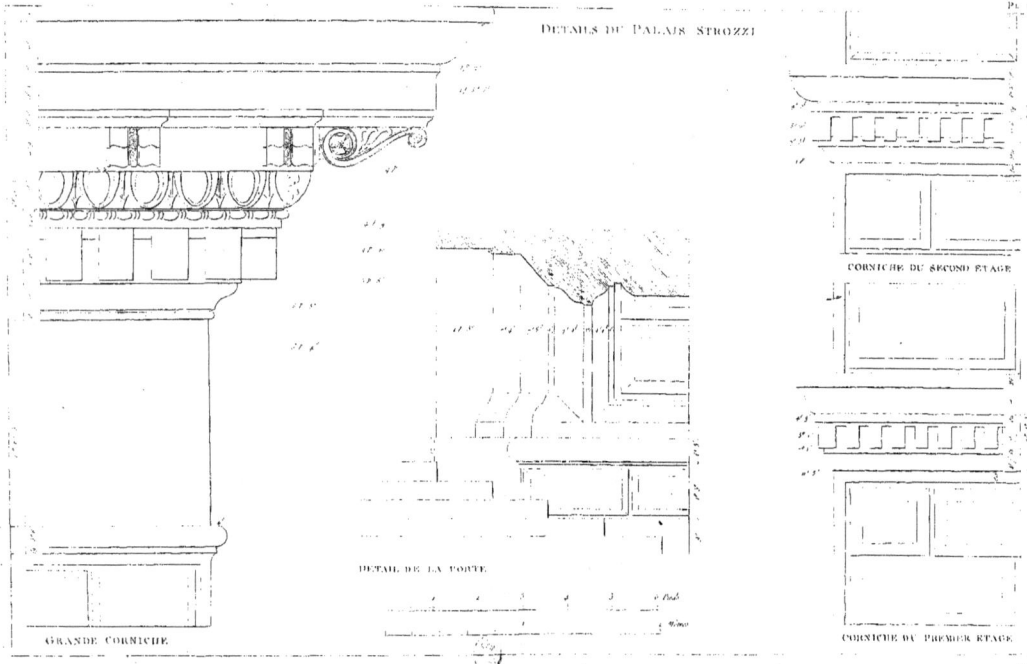

CORNICHE DU SECOND ÉTAGE

DÉTAIL DE LA PORTE.

GRANDE CORNICHE.

CORNICHE DU PREMIER ÉTAGE.

VUE DE LA RUE QUI CONDUIT AU PONT DE LA TRINITÉ, PRISE A L'ANGLE DU PALAIS STROZZI À FLORENCE.

Pl. 36

VUE PERSPECTIVE D'UNE PORTE ET D'UNE VOUTE ORNÉE D'ARABESQUES DANS LE VIEUX PALAIS, A FLORENCE.

Pl. 2

ELEVATION GEOMETRALE DU PALAIS RUCCELAI, A FLORENCE

PL. 22.

DÉTAILS DU PALAIS
RUCCELAI A FLORENCE.

Echelle d'un Mètre.

Echelle de trois pieds.

PROFIL DE LA PORTE.

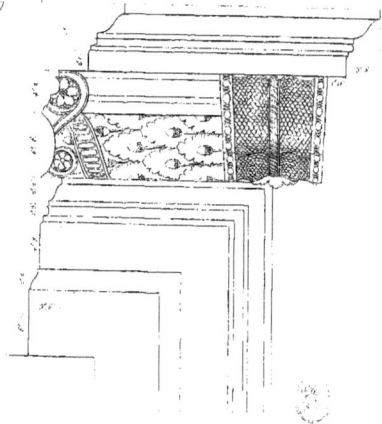

ENTABLEMENT DU 3ᵉ ORDRE.

ENTABLEMENT DU 1ᵉʳ ORDRE.

PLANCHE XX.

Vue perspective d'une porte, dans le vieux palais.

Les pilastres de cette porte sont en granit gris ; les piédestaux, bases, chapiteaux, et entablement, sont en marbre blanc : dans la frise sont sculptés des trophées d'armes antiques, et sur les piédestaux, des armes modernes.

L'entablement décoré de lions et de couronnes, ainsi que la porte qui se voit dans le fond, vient d'une des salles du même palais. La voûte arabesque qui est au-dessus, est celle qui décore le palier du grand escalier qui précède la salle du conseil ; ces arabesques sont coloriés sur un fond blanc, et ont été exécutés par le même *Marco Marchetti* qui a décoré la cour de ce palais.

PLANCHE XXI.

Elévation géométrale du palais Ruccelai, situé dans la rue della Vigna.

Cosimo Ruccelai, protecteur éclairé des beaux arts, le fit commencer vers l'an 1460, sur les dessins de *Léon Baptiste Alberti,* architecte florentin, l'un de ceux qui contribuèrent le plus à la restauration de l'Art, par leurs travaux et par leurs doctes écrits.

Ce palais est construit tout en *pietra forte* (1). Il est décoré de trois étages de pilastres, doriques au rez-de-chaussée, et composites aux deux autres étages.

Le caractère de cette façade sort du style toscan, et se rapproche davantage de celui des Romains. L'exécution en est soignée : il paroît que l'architecte avoit eu dessein de l'agrandir, comme l'indique l'arrachement des arcs qui ont été commencés.

On voit, en face de ce palais, la loge de la même famille, construite également par *Léon Baptiste Alberti.*

PLANCHE XXII.

Détails du même palais.

Sur cette planche se trouvent réunis les détails de la façade de ce palais. Les profils des entablements des deux premiers étages, sont les mêmes, bien qu'au rez-de-chaussée ils couronnent un ordre dorique, et au premier, un ordre composite.

Les corniches ont peu de saillie, ce qu'il faut attribuer à l'intention que l'architecte a eue de ne pas interrompre la grande ligne verticale de sa façade par des divisions trop prononcées ; il en résulte que les membres qui composent les corniches paroissent indécis. Les architraves, le chapiteau, et la base de l'ordre dorique, sont d'une

---

(1) Cette pierre se trouve aux environs de Florence, et même dans l'enceinte de la ville, près du palais Pitti, qui en est construit. Sa couleur est jaunâtre, légèrement veinée de blanc. Elle résiste à l'eau, au soleil, et à la gelée. Sa grande dureté la rend d'un travail pénible. Elle est agréable pour la sculpture : on trouve à Florence beaucoup de statues exécutées avec cette pierre.

bonne proportion et d'un caractère assez soutenu; la corniche du couronnement est un peu lourde, et la grande doucine au-dessous de l'architrave, qui repose immédiatement sur les pilastres, contribue à lui donner un caractère bizarre qui tient du gothique.

Les corniches et les chambranles des portes sont bien profilés; ces portes sont elles-mêmes d'une heureuse proportion.

PLANCHE XXIII.

Façade d'un palais situé dans la rue de' Pandolfini.

Il est remarquable par son heureuse proportion, que l'on doit à la juste disposition des hauteurs d'étages: la loge qui le couronne est d'un effet agréable. L'exécution en est soignée, et les profils en sont purs.

Façade d'un petit palais situé dans la rue de' Guicciardini.

La disposition de cette façade, dépouillée de tout ornement d'architecture, est très pittoresque. La loge placée au milieu, sert de dégagement aux escaliers disposés dans les deux ailes qui s'élèvent au-dessus, et fait la principale décoration de ce palais.

PLANCHE XXIV.

Plan du palais Pucci, dans la rue de' Cresci.

Ce plan est d'une disposition simple. Le vestibule, ouvert sur un jardin et sur une petite cour intérieure ornée d'une fontaine, est heureusement disposé et ajusté avec goût. L'escalier est bien placé: il est élevé de cinq marches au-dessus du sol de la rue. Ce palais est attribué à *Paolo Falconieri*, architecte florentin.

Plan du palais Orlandini.

Il est situé près de Santa Maria maggiore de' Carmelitani, dans la rue de' Boni.

Sa façade n'a rien de remarquable; mais la disposition du plan présente beaucoup d'intérêt. Le vestibule, ouvert sur une grande cour, est d'un bel effet; l'escalier est vaste, bien placé, et orné de statues. La cour, qui a son entrée particulière dans la rue Beccuto, est ornée de fontaines: autour sont disposées les remises et les écuries.

PLANCHE XXV.

Vue intérieure de la cour de l'archevêché.

Le palais dont cette cour fait partie, est situé près de la place Saint-Jean. Sa fondation est très ancienne. Ayant été brûlé en 1533, l'archevêque Buondelmonti le fit

Pl. 45

FAÇADE D'UN PALAIS VIA DEI PANDOLFINI A FLORENCE.

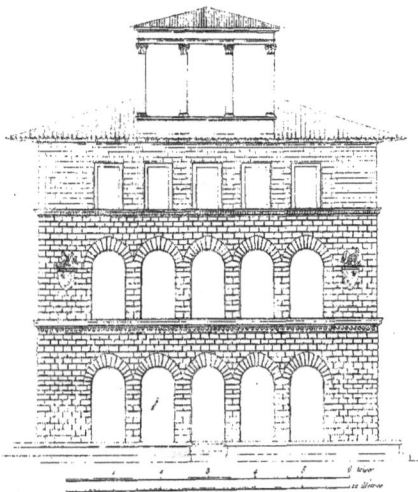

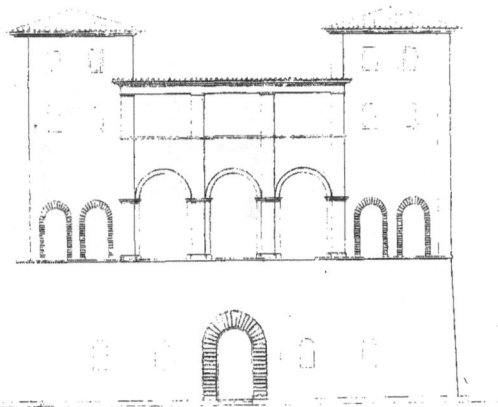

PETIT PALAIS VIA DEI GUICCHARDINI

PALAIS PUCCI VIA DEI CRESCI, A FLORENCE.

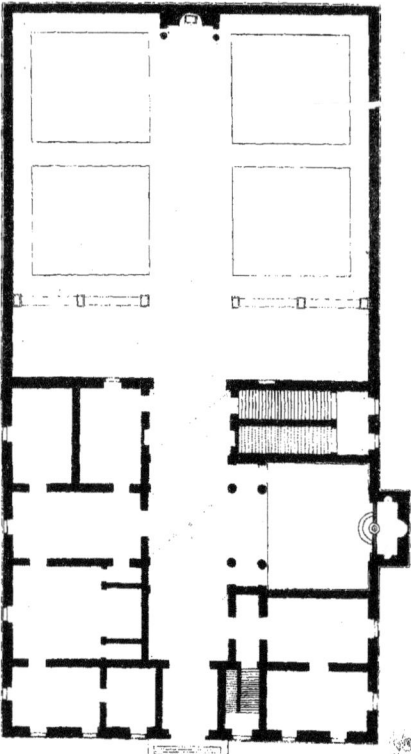

PALAIS ORLANDINI A FLORENCE.

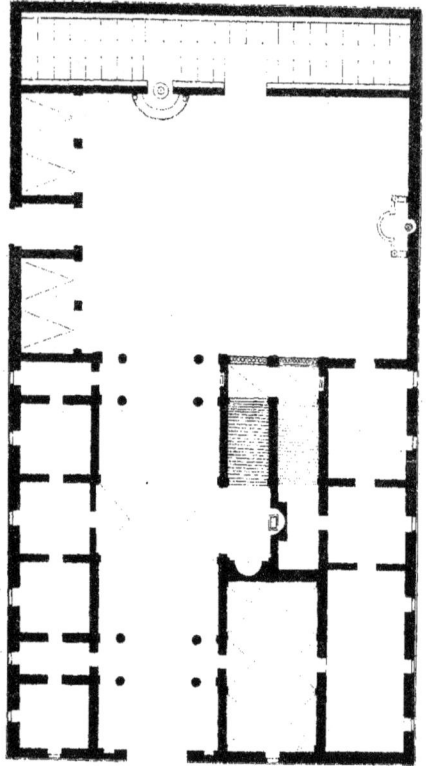

8 Toises

10 Mètres

Pl. 43.

VUE INTÉRIEURE DE LA COUR DE L'ARCHEVÉCHÉ A FLORENCE

Pl. 26

ECTURE. TOSCANE.V.ᵐᵉ CAHIER.

Pl. 47.

ÉLÉVATION GÉOMÉTRALE DU PALAIS COCCHI, DANS LA PLACE S^{TE} CROIX, A FLORENCE.

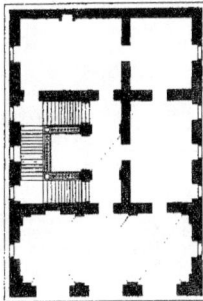

PLAN DU PALAIS COCCHI.

Pl. 28

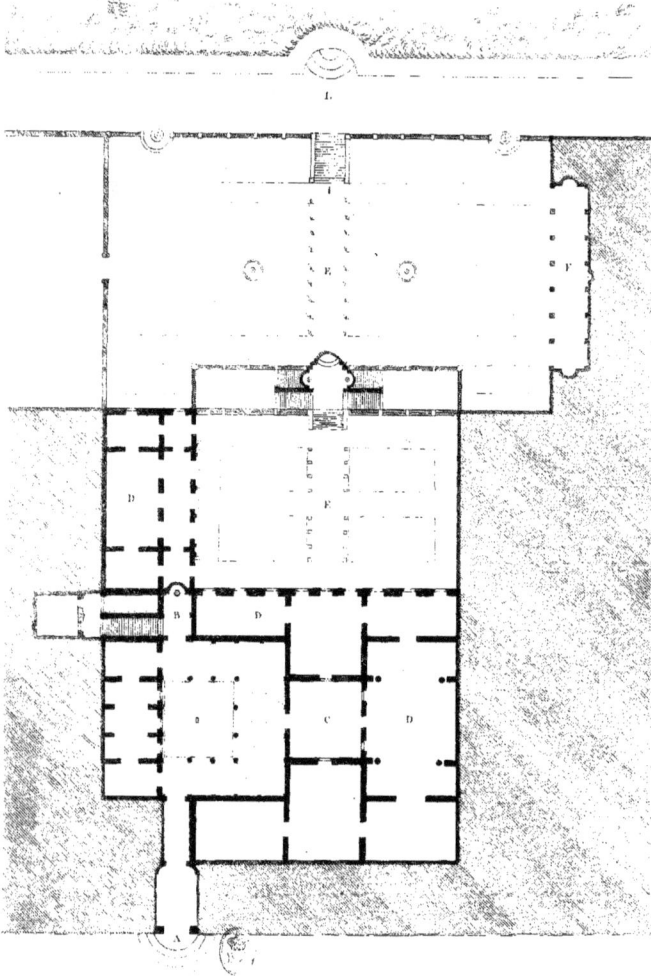

A. Porte d'entrée du côté de la via romana.
B. Escalier qui mène au rel du Jardin et du Museum.
C. Petite Cour.
D. Salles du Museum.

E. Jardins des plantes.
F. Serres chaudes.
I. Escalier qui conduit au jardin Boboli.
L. Jardin Boboli.

N.ª Chaque règne occupe un étage.

reconstruire : il fut agrandi depuis par les soins d'Alessandro Medici, qui parvint à la dignité archiépiscopale en 1574. Ce fut *Gio. Antonio Dosio,* architecte florentin, qui en donna les dessins et en dirigea les travaux. Ce palais se divise en deux parties bien distinctes; l'une destinée à l'administration de l'archevêché, et l'autre à l'habitation de l'archevêque. La cour que nous présentons ici, appartient à cette dernière partie; elle est d'un effet piquant, et riche d'architecture. Le grand escalier que l'on voit à droite, conduit aux appartements. Les portiques qui entourent cette cour, étoient autrefois décorés de peintures, dont il reste encore quelques vestiges.

Au centre de la cour on voit, sur un piédestal, la statue d'un évêque, exécutée en marbre.

PLANCHE XXVI.

Frontispice du cinquième cahier.

Les divers fragments qui entrent dans la composition de cette planche sont antiques, et tirés du musée de Florence, à l'exception du petit candélabre placé sur le premier plan. Ce candélabre est d'ambre, monté en or; il fait partie du trésor que l'on conserve dans le vieux palais.

PLANCHE XXVII.

Plan et élévation du palais Cocchi.

Il est situé sur la place Santa Croce, en face de l'église du même nom. Son plan est d'une disposition simple et commode : la proportion générale de sa façade, est d'un bon effet; celle du soubassement ne laisse rien à desirer.,

Les arcs, qui sont entre les pilastres du premier étage, étoient primitivement ouverts, et formoient une loge semblable à celle du rez-de-chaussée : ils sont trop écrasés, et les croisées du second étage sont trop larges pour leur hauteur. On reconnoît facilement, aux détails et à l'exécution fine de ce palais, que c'est avec raison qu'il est attribué à *Baccio d'Agnolo.*

PLANCHE XXVIII.

Plan du Muséum d'Histoire naturelle.

Ce fut Léopold Ier qui acheta ce palais à la famille Torrigiani, et qui fonda le Muséum d'histoire naturelle, l'établissement de ce genre le plus intéressant qui soit en Italie. Il est particulièrement remarquable par son cabinet d'anatomie; les salles qui y sont destinées, ont été distribuées avec simplicité, et ajustées avec beaucoup de goût. On a réuni au musée un jardin botanique, qui communique avec celui de Boboli.

PLANCHE XXIX.

Palais Guadagni, sur la place du Saint-Esprit.

Ce palais est situé à l'angle de la rue Santo Agostino et de la place Santo Spirito. Le rez-de-chaussée est construit tout en pierre, avec des refends apparents. La porte d'entrée est richement sculptée, et ornée de clous de bronze. Le premier et le second étage, percés de croisées cintrées, sont décorés d'arabesques et de bas-reliefs exécutés en *sgraffitto* (1). Le troisième étage forme une loge, ouverte sur la place, et soutenue par des colonnes en pierre. Ce palais est attribué à *Filippo Brunelleschi :* sa grande ressemblance avec le palais Nicolini, que nous donnons aux planches LXIX, LXX, LXXI, et LXXII, confirmeroit cette opinion.

PLANCHE XXX.

Plan et élévation du palais Giugni.

Il est situé dans la rue degli Alfani, en face de l'église des moines degli Angeli. Il a été construit d'après les dessins de *Bartolomeo Ammanati.*

PLANCHE XXXI.

Vue de la cour de l'ancien palais du Podestà, servant aujourd'hui de prison.

Ce palais, appartenant autrefois à la famille degli Anziani, fut commencé en 1250, d'après les dessins de *Lapo* ou *Jacopo,* pour l'habitation du Podestà, officier chargé de l'administration de la justice. Les arcs, en plein cintre, feroient douter qu'il ait été entièrement l'ouvrage de *Lapo,* et porteroient à croire que *l'Organa* eut part à son exécution, comme l'affirment plusieurs auteurs.

Cette cour est d'un effet très piquant; c'est ce qui lui a fait trouver place dans ce recueil.

PLANCHE XXXII.

Vue intérieure de la cour du vieux palais.

Au milieu de cette cour, dont on voit le plan à la planche LXXIX, s'élève sur plu-

---

(1) Le *sgraffitto* est une espèce de peinture, ou plutôt de dessin, propre, par sa solidité, à orner l'extérieur des édifices : il s'exécute ainsi qu'il suit. On prend de la chaux, détrempée à l'ordinaire avec du sable; on y mêle du noir de paille brûlée, qui donne à l'enduit une teinte de noir argentin, et on en couvre le fond sur lequel on veut dessiner. Ensuite on blanchit ce fond avec un léger enduit de lait de chaux, étendu bien également. Cette opération faite, au moyen de poncifs, on trace le dessin qu'on veut exécuter; puis, avec une pointe de fer, grattant et enlevant la superficie blanche, on découvre le fond noir, qui marque les contours; enfin, à l'aide de hachures, on achève de donner le relief nécessaire. Tel est le procédé que, *per essere dal ferro graffiato,* dit *Vasari,* on a nommé *sgraffitto.*

Pl. 49

PALAIS GUADAGNI SUR LA PLACE DU St ESPRIT A FLORENCE.

10 mètres.

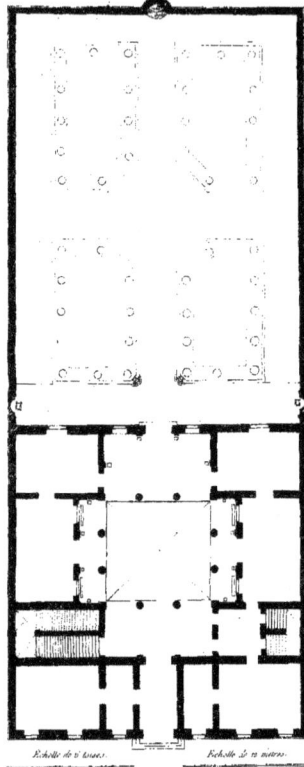

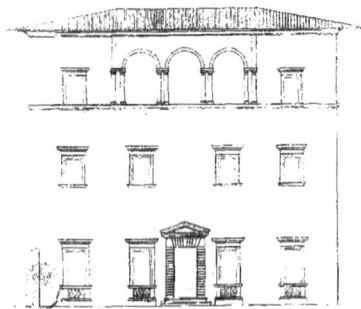

ÉLÉVATION DU PALAIS GIUGNI DU CÔTÉ DU JARDIN.

VUE INTÉRIEURE DE LA COUR DU VIEUX PALAIS, A FLORENCE.

PLAN ET ELEVATION GEOMETRALE DU PALAIS PANDOLFINI VIA S.^T GALLO A FLORENCE.

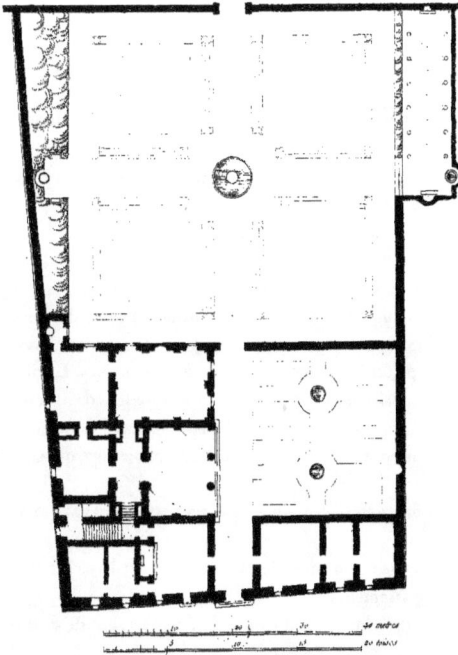

Echelle de toises

Echelle de metres

sieurs marches une petite fontaine en porphyre, surmontée d'un enfant en bronze, tenant un poisson. Cette statue est d'*Andrea Verocchio*, sculpteur florentin.

Michelozzo Michelozzi, chargé de la restauration du vieux palais, craignant que la foiblesse des colonnes, qui étoient en briques, n'en causât la ruine, les remplaça par d'autres, construites en *pietra forte.* Ce changement, qu'il fit sans que le palais éprouvât aucun tassement, lui mérita beaucoup d'éloges.

L'an 1565, à l'occasion du mariage de Pietro Francesco Medici, fils de Côme I", avec l'archiduchesse d'Autriche, sœur de l'empereur Maximilien, on décora cette cour avec la plus grande magnificence. Les colonnes qui l'entourent, et qui soutiennent les portiques, sont couvertes d'ornements en stuc blanc, sur des fonds dorés; et les portiques sont ornés d'arabesques coloriés, sur un fond blanc. Les trophées d'armes, au-dessus des colonnes, sont exécutés en or, ainsi que les fleurs de lis et listaux; ceux-ci forment des refends sur le fond des murs, qui est noir, tandis que les fleurs de lis se détachent sur un fond d'azur.

Mellini a publié une description de ces peintures.

Toutes les décorations, qui donnent à cette cour un caractère de féerie, ont été exécutées par *Marco Marchetti* ou *Marco Marcucci* de *Faenza.*

A travers la porte, on aperçoit une portion de la loge des Lances, située sur la place du Grand-Duc.

PLANCHE XXXIII.

Plan et élévation géométrale du palais Pandolfini.

Gianozzo Pandolfini, évêque de Troyes, fit construire ce palais d'après les dessins de *Raffaello* d'*Urbino,* dont il étoit ami et protecteur. Il fut commencé par *Gio Francesco Aristotile,* architecte et sculpteur florentin; mais la mort de cet artiste, arrivée en 1530, et le siège de Florence qui eut lieu à cette époque, ayant interrompu les travaux, ce fut *Bastiano Aristotile,* frère du précédent, qui le termina.

Ce palais est construit sur un terrain irrégulier, formant l'angle des rues San Gallo et Santa Salvestrina; et il est à croire que *Raffaello,* pour ménager une cour à ce palais, a été forcé de placer le corps du bâtiment sur l'angle des deux rues. La disposition du plan confirmeroit cette supposition : il est vraisemblable que les constructions à droite de la grande porte, qui ne forment qu'un rez-de-chaussée, ont été ajoutées depuis. Elles détruisent la régularité de la cour, en reportant dans un coin la loge qui en fait la principale décoration.

A gauche de la grande porte extérieure, on trouve un petit oratoire, qui a son entrée particulière.

Le plan de ce palais est d'une disposition simple et commode; l'escalier est bien placé, et dégage facilement les appartements.

La cour, ainsi que le jardin, sont ornés de fontaines, de vases, et de statues antiques.

PLANCHE XXXIV.

Elévation détaillée du palais Pandolfini.

Cette façade est exécutée toute en pierre, à l'exception de la corniche du couronnement, qui est en bois. L'épaisseur des murs du rez-de-chaussée a permis de donner beaucoup de retraite à ceux du premier étage; on en a profité pour y établir de beaux balcons, ornés de riches balustrades. Cette façade est d'une belle proportion, et les deux étages qui la composent, ont entre eux un juste rapport.

Ce palais est construit avec le plus grand soin, et il est à croire que *Raffaello* lui-même n'en auroit pas apporté davantage pour l'exécution de son ouvrage. C'est, sans contredit, la meilleure production d'architecture de cet illustre artiste.

PLANCHE XXXV.

Elévation latérale du même palais.

Elle est beaucoup plus simple que celle que nous venons de décrire. La richesse des chapiteaux des colonnes de la loge, sembleroit exiger que les archivoltes des arcs qu'ils supportent, fussent ornés de moulures. Sous cette loge, qui sert de vestibule ouvert pour les appartements, on remarque des figures et des bustes antiques.

L'irrégularité que l'on voit dans le soubassement de cette façade, vient à l'appui de ce qui a été dit des bâtiments ajoutés dans la cour, qui cependant forment des terrasses agréables, à l'issue des appartements du premier étage.

Le style de cette façade se soutient, quoique les croisées soient dépouillées de colonnes et de frontons.

PLANCHE XXXVI.

Détails de la façade du même palais.

La corniche du couronnement est ornée de modillons sculptés et de denticules; ils brillent avantageusement sur le reste des moulures, qui ne sont pas détaillées. Cette corniche est d'un beau caractère, et sa belle exécution fait regretter qu'elle ne soit pas d'une matière plus durable que le bois. On ne sait à quoi attribuer une telle parcimonie dans un palais d'ailleurs si riche de matières.

Le bandeau qui supporte les croisées du premier étage, est décoré de postes; les refends en bossages, qui forment des chaînes aux angles du palais, sont taillés avec soin. Les croisées du rez-de-chaussée sont élevées sur un piédestal qui porte des pilastres d'ordre dorique, surmontés d'un entablement que couronnent alternativement des frontons triangulaires et circulaires.

Les corniches, quoique un peu chargées de moulures, sont d'une exécution tellement pure, qu'elles ne présentent aucune confusion.

Échelle de ... mètres.   Échelle de ... mètres.

Pl. 5.

ÉLÉVATION LATÉRALE DU PALAIS PANDOLFINI

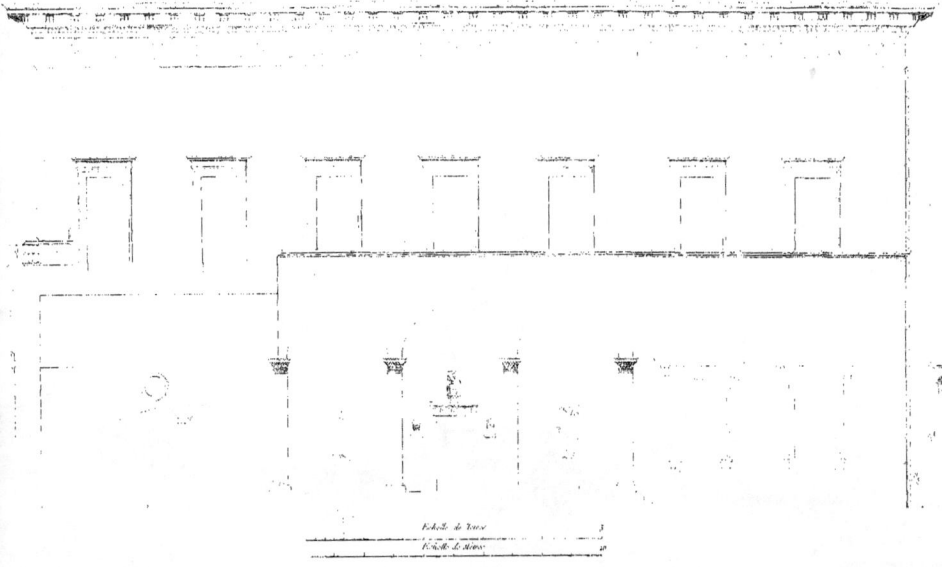

Échelle de Pieds
Échelle de Mètres

CORNICHE SUPÉRIEURE

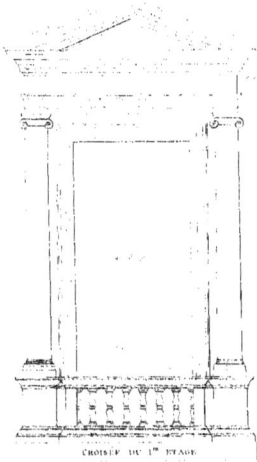

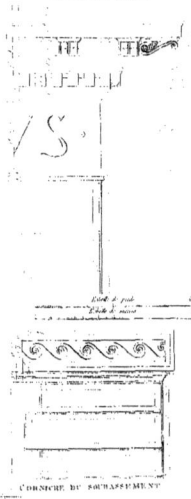

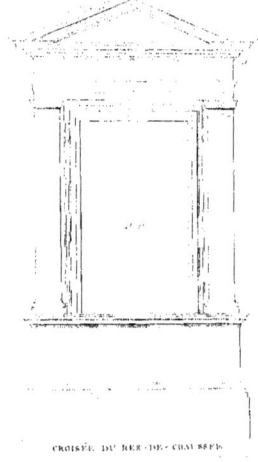

CROISÉE DU 1ᵉʳ ÉTAGE

CORNICHE DU SOUBASSEMENT

CROISÉE DU REZ-DE-CHAUSSÉE

VUE PERSPECTIVE DE LA SALLE DU GRAND CONSEIL, DANS LE VIEUX PALAIS, A FLORENCE.

Pl. 38

ARCHITECTVRE·TOSCANE·
VII.ᵉ·CAHIER·

Les croisées du premier étage sont décorées de colonnes d'ordre ionique, reposant sur leurs piédestaux, et supportant également des entablements couronnés de frontons; chacune de ces croisées est un petit monument, dont les proportions ne laissent rien à desirer.

PLANCHE XXXVII.

Salle du grand conseil dans le vieux palais.

Lorsque le gouvernement voulut faire terminer cette salle, il s'adressa à plusieurs artistes célèbres, tels que *Leonardo da Vinci, Michel Angelo Buonarroti, Giuliano da San Gallo, Baccio d'Agnolo, Simone Pallaiolo*, dit le *Cronaca*, et les chargea de lui présenter des projets. Ce dernier ayant obtenu la préférence, c'est à lui que fut confiée la direction des travaux. Il montra beaucoup de savoir dans leur exécution, et particulièrement dans la composition de la charpente du plafond et du toit; mais, la salle étant achevée, on s'aperçut qu'elle n'étoit pas assez élevée, et qu'elle manquoit de lumière.

Côme Ier, qui vint habiter le vieux palais en 1538, le fit restaurer et embellir par *Giorgio Vasari.* Ce fut lui qui éleva la salle, en se servant de la charpente du *Cronaca*, mais en changeant les compartiments des caissons, dont la simplicité n'étoit pas en harmonie avec la richesse de la décoration générale.

Côme Ier fit aussi continuer la tribune qui termine cette salle du côté de la place. Elle fut achevée d'après les dessins de *Baccio Bandinelli* et de *Giuliano da San Gallo*, qui l'avoient commencée : elle est exécutée en belle pierre, et décorée de pilastres et de colonnes d'ordre corinthien, avec niches, statues, et bas-reliefs.

A l'autre bout de la salle, en face de cette tribune, l'*Ammanati* fut chargé d'en construire une autre, dans la composition de laquelle il faisoit entrer une fontaine jaillissante, ornée de statues et de bas-reliefs en bronze; mais ce projet ne fut pas exécuté.

Les statues qui décorent cette salle, sont toutes de la main des plus célèbres artistes; le plafond est composé de riches compartiments.

Le fond des caissons, qui sont au nombre de trente-neuf, offre des tableaux à l'huile, peints par *Vasari.*

Les fresques peintes sur les murs, représentent le triomphe des Medici, et leurs travaux militaires.

Cette salle est la plus grande et la plus magnifique qui soit en Europe : elle a 163 pieds de long, sur 68 de large, et 65 de haut.

PLANCHE XXXVIII.

Frontispice du septième cahier.

Parmi les divers fragments de sculptures du quinzième siècle, qui entrent dans la composition de cette planche, on remarque un bénitier en marbre, surmonté d'une

statue de saint Jean, et un siége épiscopal, venant de la cathédrale de Pise. Le pan-
neau en arabesque, que l'on voit dans le fond, est exécuté en marqueterie dans une des
chapelles de Santa Maria Novella, à Florence.

PLANCHE XXXIX.

Plan du palais Riccardi, autrefois Medici.

Ce palais, situé dans la via Larga, fut construit par *Michelozzo Michelozzi*, architecte florentin, qui en fit les dessins concurremment avec *Brunelleschi*. Mais Côme I",
surnommé le *père de la patrie*, craignant de blesser ses concitoyens par trop de magnificence, donna la préférence aux projets de *Michelozzo,* dont la simplicité étoit
plus d'accord avec le caractère de ce grand homme. Le palais fut commencé en 1430,
et terminé avant l'exil de Côme, qui arriva en 1433. *Michelozzo* accompagna toujours
son protecteur, et fut chargé de plusieurs monuments dont Côme enrichit la ville de
Venise, où il se fixa durant son exil. Le 16 avril 1659, Ferdinand II céda ce palais au
marquis Gabriello Riccardi, qui le fit agrandir, en y joignant le palais de Lorenzino
Medici. L'escalier d'honneur fut construit par *Gio Batista Foggini*, sculpteur et architecte florentin. La grande et belle disposition de ce palais l'a fait toujours choisir pour
l'habitation des souverains qui ont visité Florence.

PLANCHE XL.

Elévation géométrale du même palais.

Cette façade, la plus grande qui soit à Florence après celle du palais Pitti, se ter-
minoit autrefois à la dixième croisée : elle fut augmentée par la famille Riccardi, qui
y joignit le palais Lorenzino Medici. Elle porte un caractère de gravité imposante, qui
laisse à peine remarquer quelques légers défauts. Les milieux des croisées du premier
étage ne se rencontrent pas au-dessus des grands arcs du rez-de-chaussée ; les croisées
ajustées au milieu de ces arcs, sont attribuées à *Michel Ange.* La corniche du couronnement est un peu lourde, défaut qui est assez commun dans les ouvrages de
Michelozzo. On peut croire qu'il a été entraîné par le caractère de force qui semble
caractériser les productions de ce siècle, et dont on a indiqué la cause principale dans
la description du palais Strozzi, planche XVI.

PLANCHE XLI.

Coupe du même palais.

La cour de ce palais est d'une proportion très agréable ; on trouve, sous les portiques
qui l'entourent, des monuments antiques, qui en font un musée de sculpture fort intéressant. Ils furent recueillis en 1719, par les soins de Francesco Riccardi, amateur éclairé

Pl. 59

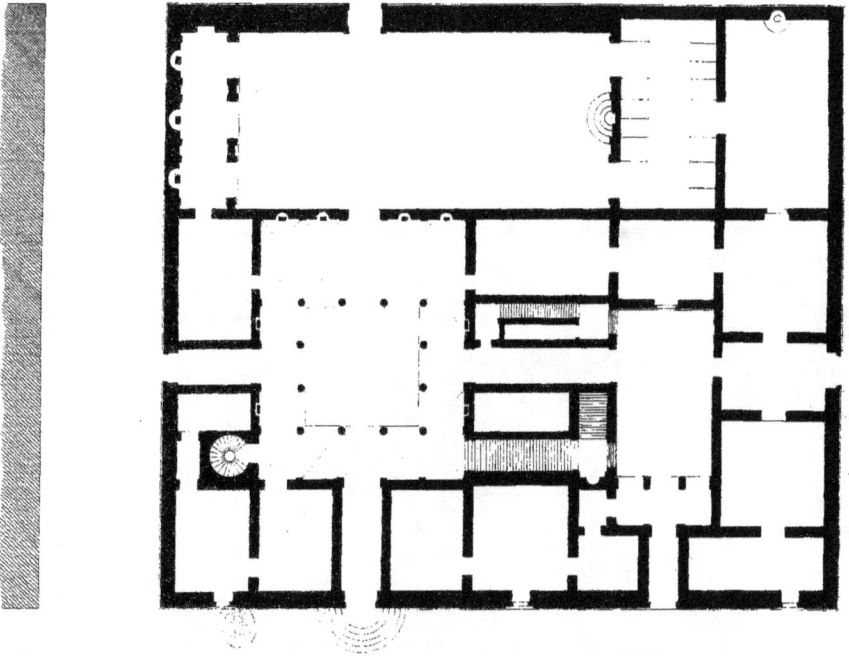

PLAN DU PALAIS RICARDI, AUTREFOIS MEDICIS DANS LA VIA LARGA

A FLORENCE

Echelle de la Toise

Echelle de un Mètre

ELEVATION GÉOMÉTRALE DU PALAIS RICCARDI
DANS LA VIA LARGA, A FLORENCE.

Pl. 41

COUPE DU PALAIS RICARDI, AUTREFOIS MEDICIS DANS LA VIA LARGA
A FLORENCE

Échelle de _____ 5 Toises

Échelle de _____ 10 Mètres

Pl. 4

DÉTAILS DU PALAIS RICCARDI AUTREFOIS MÉDICIS
DANS LA VIA LARGA, A FLORENCE

PORTE DU PALAIS

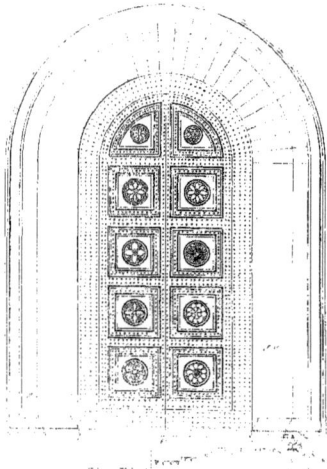

CORNICHE SUPÉRIEURE

CORNICHE DU 2ᵉ ÉTAGE

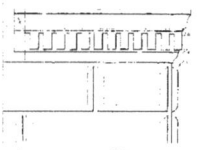

CORNICHE DU 1ᵉʳ ÉTAGE

Extérieur

PROFIL EN GRAND DE LA MOITIÉ DE LA PORTE
AVEC LE DÉTAIL DE LA MENUISERIE

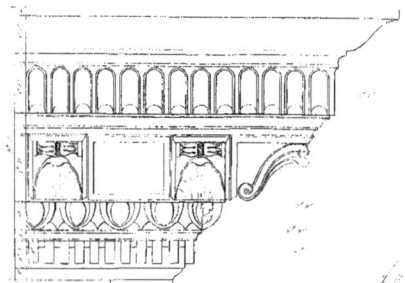

CORNICHE DU 3ᵉ ORDRE

CORNICHE DU 2ᵉ ORDRE

CORNICHE DU 1ᵉʳ ORDRE

Intérieur

VUE INTÉRIEURE DE LA COUR DU PALAIS RICCARDI

RELIQVIS
VICTOR

ARCHITECTVRE·TOSCANE·

VIII·CAHIER·

des sciences et des arts. Le palais renferme une bibliothèque de manuscrits, et une belle collection de médailles et de camées. Parmi les peintures qu'on y admire, on remarque sur-tout la galerie, ouvrage très important de *Luca Giordano*.

Les plafonds des appartements sont décorés de riches compartiments, dont les fonds sont peints par les maîtres les plus célèbres de l'école florentine; chacun d'eux s'est plu à payer le tribut de sa reconnoissance aux princes qui prodiguoient aux arts de si nobles encouragements.

PLANCHE XLII.

Détails du même palais.

Tous les profils sont en harmonie avec la fermeté de cette façade. La porte principale est une des plus belles qui soient à Florence. Richement décorée de caissons sculptés, et d'une multitude de clous de bronze, elle brille avantageusement à côté de la noble simplicité de son chambranle.

Il y a beaucoup de grace dans les profils de la cour; les frises sont ornées de jolies compositions exécutées en sgrafitto.

PLANCHE XLIII.

Vue intérieure de la cour du même palais.

Elle est d'un effet piquant, et les matériaux employés à sa construction annoncent la magnificence. Les voûtes des portiques, autrefois couvertes d'arabesques, sont entièrement dégradées; les colonnes, en *pietra serena*, sont d'un seul morceau; la cour est dallée en belle pierre, et les pentes y sont ménagées de manière que l'eau provenant du jet qui est au centre, s'écoule facilement. Dans la belle saison, les Florentins, qui font leur délice de ces belles cours, ont l'habitude de les couvrir de bannes, pour se garantir des trop grandes chaleurs: aussi rien n'est plus frais et plus agréable que leur aspect, qui étonne tous les étrangers.

PLANCHE XLIV.

Voûte du vestibule de la sacristie de l'église de Santo Spirito.

Ce vestibule, marqué G sur la planche LXXV, est décoré de douze colonnes d'ordre corinthien, supportant un entablement fort riche, sur lequel repose la voûte en plein cintre que l'on offre ici. Chaque travée se compose de trois caissons semblables, qui en forment le développement. Ce vestibule est l'ouvrage d'*Andrea Contucci di Monte Sansovino*, sculpteur et architecte florentin, élève du *Cronaca*, à qui est attribuée la sacristie de la même église.

PLANCHE XLV.

Elévation géométrale du palais Giacomini, situé dans la rue de' Tornabuoni.

Cette façade a trop de ressemblance avec celle du palais Bartolini, planche LXIII, pour ne pas croire qu'elle en soit une imitation. Elle est riche d'architecture, et d'une belle proportion; les profils en sont gracieux. La corniche qui couronne l'édifice, repose sur un architrave trop peu élevé, et dont les moulures sont trop grèles. Ce défaut d'harmonie contribue à priver la corniche du couronnement de l'importance qu'elle devroit avoir.

PLANCHE XLVI.

Elévation géométrale du palais Uguccioni.

Il est situé sur la place du Grand-Duc. Aujourd'hui il sert de magasin, et l'on y a établi les bureaux de la douane. A l'ordonnance de cette façade, à la finesse et à la grace de ses détails, et plus encore à l'ajustement des croisées, on reconnoît le style de *Palladio*, à qui elle est attribuée par quelques uns des auteurs qui en ont parlé. Le rez-de-chaussée est exécuté tout en pierre; la balustrade au-dessus est en marbre blanc: les chapiteaux ioniques et corinthiens, l'architrave qui repose dessus, ainsi que les chambranles des croisées, sont en terre cuite parfaitement travaillée. Ce palais, comme on le voit, n'a pas été achevé; et la charpente, ornée de modillons sculptés, repose immédiatement sur l'architrave du second ordre.

PLANCHE XLVII.

Détails du même palais.

Tous ces détails appartiennent à la façade. Les dessins, rapportés avec le plus grand soin d'après les cotes, parlent assez pour nous dispenser de toute autre description : leur exécution est de la plus grande pureté.

PLANCHE XLVIII.

Plan du palais des comtes della Gherardesca.

Il est situé dans la rue de' Pinti, près de la porte de ce nom. Ce fut l'historien Bartolomeo Scala, secrétaire de la république, qui le fit construire pour son habitation vers l'an 1470. Il passa depuis à l'archevêque Alessandro Medici, et ensuite à Léon XI, qui le céda à la famille qui le possède aujourd'hui. Il a été successivement agrandi, et

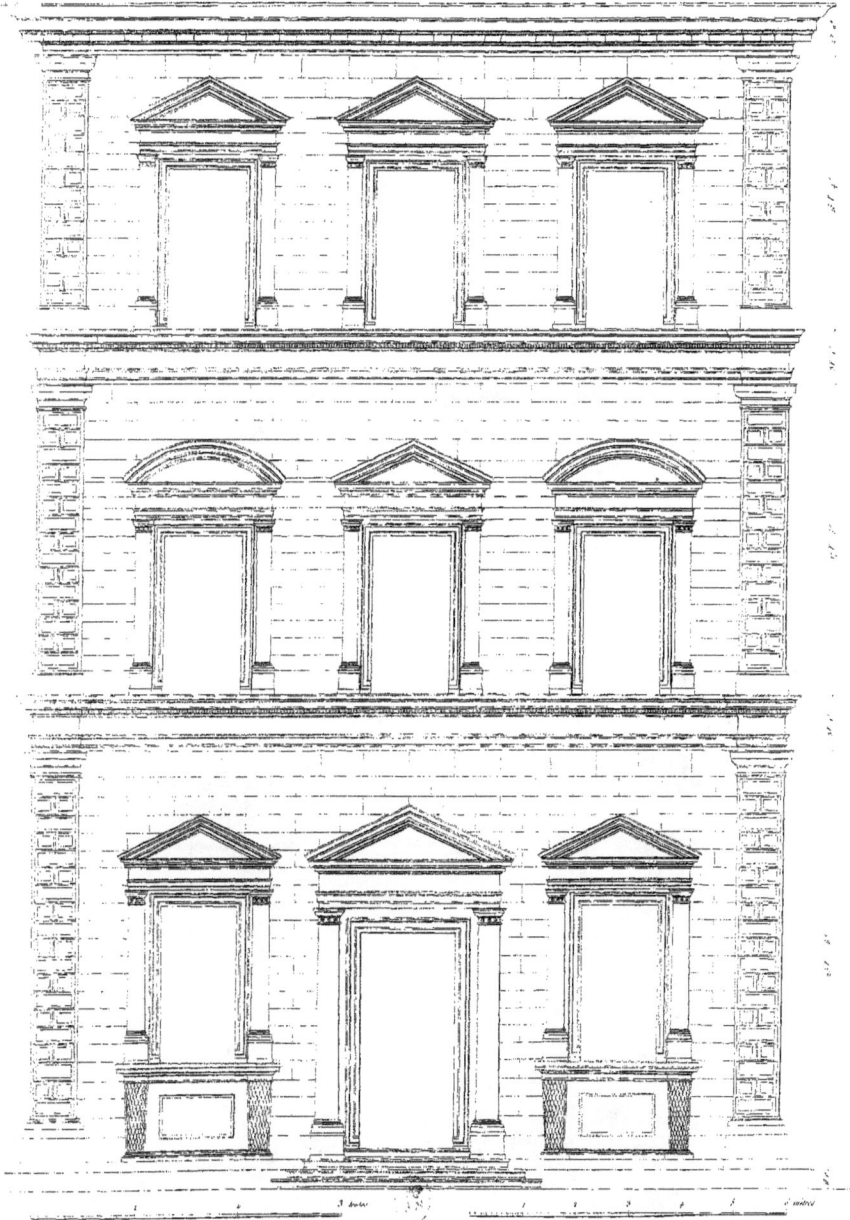

Pl. 46.

DÉTAILS DU PREMIER ORDRE

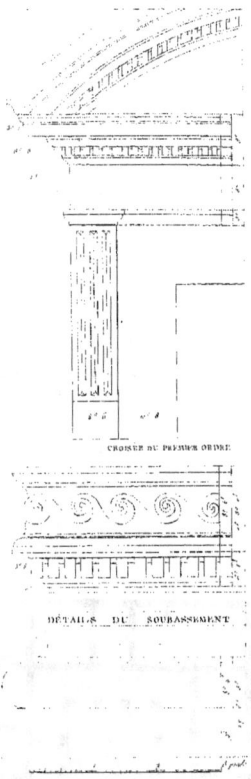

CROISÉE DU PREMIER ORDRE

CROISÉE DU SECOND ORDRE

DÉTAILS DU SECOND ORDRE

DÉTAILS DU SOUBASSEMENT

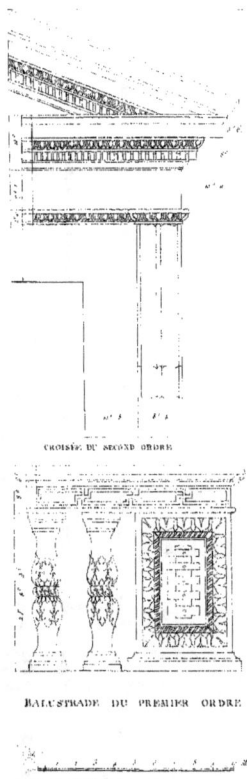

BALUSTRADE DU PREMIER ORDRE

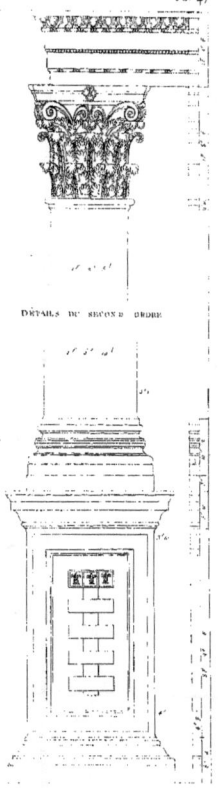

DÉTAILS DU PALAIS UGUCCIONI.

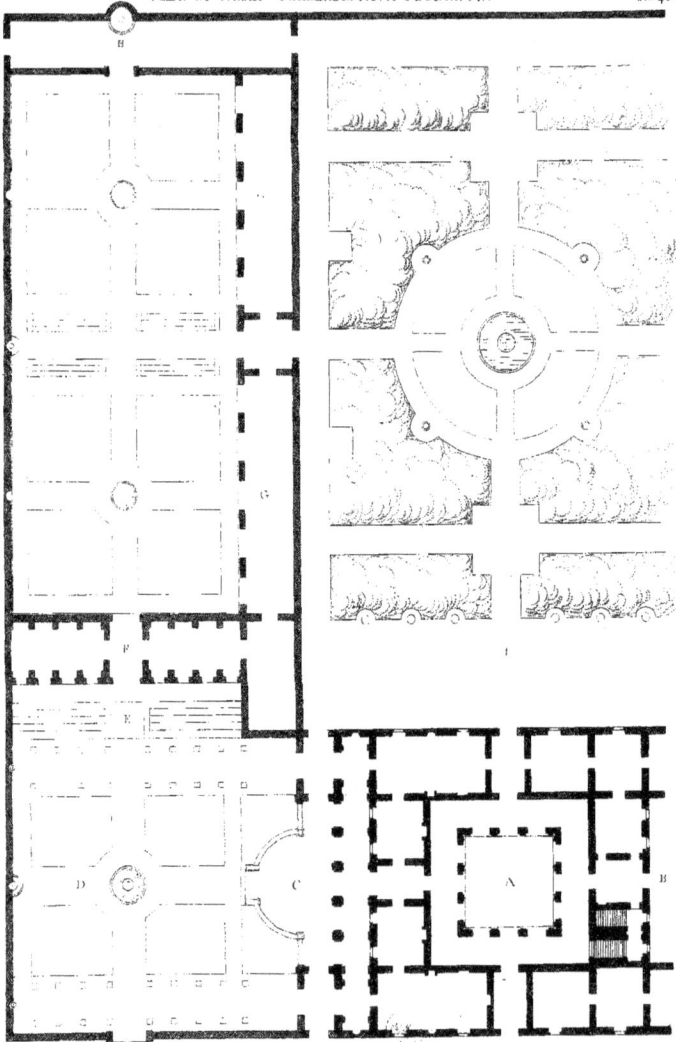

A. Cour
B. Cour des Ecuries
C. Petite Cour
D. Pétuerie
E. Couches pour les fleurs

F. Orangerie
G. Serres
H. Passage
I. Grand Jardin

Pl. 49

VUE PERSPECTIVE DE LA COUR DU PALAIS GHERARDESCA

ARCHITECTVRE TOSCANE
IX CAHIER

PLAN DU PALAIS GONDI A FLORENCE

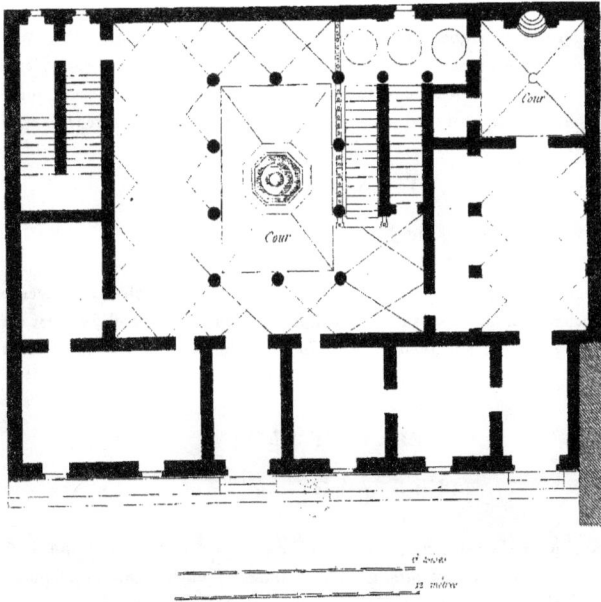

Cour

Cour

dans ces derniers temps, on y a fait construire des serres chaudes et des orangeries, qui ajoutent encore au charme des jardins. La belle disposition de ce plan ne permet pas de douter qu'il ne soit l'ouvrage d'un des habiles artistes contemporains de l'illustre Scala.

PLANCHE XLIX.

Vue perspective de la cour du même palais.

La simplicité de l'intérieur des portiques qui entourent cette cour, contraste singu-lièrement avec les richesses que l'on y a, pour ainsi dire, prodiguées à l'extérieur. Les pilastres et l'entablement du premier ordre, se contreprofilent; les bas-reliefs placés au-dessus des arcs sont en bronze, ainsi que les renommées au-dessus des archivoltes : les croisées du premier étage, placées entre des pilastres d'ordre ionique, sont encadrées dans de riches bordures d'arabesques coloriés.

Les voûtes des portiques sont exécutées en stuc blanc, et les petites niches placées entre les archivoltes sont ornées de statues antiques. Du milieu de cette cour, qui est dallée en belle pierre, il sort un jet d'eau, qui lui donne beaucoup de fraîcheur.

PLANCHE L.

Frontispice du neuvième cahier.

Il est composé d'un autel antique, du vase dit Medici, tiré de la galerie de Florence, et de la belle cheminée qui se voit dans la grande salle du palais Gondi; elle est exé-cutée en marbre blanc par *Giuliano da San Gallo,* sculpteur et architecte florentin, qui construisit le palais qu'elle décore.

PLANCHE LI.

Plan du palais Gondi.

Ce palais est situé sur la petite place de Santo Firenze, en face de cette église. Il fut commencé d'après les dessins de *Giuliano da San Gallo,* en juillet 1490; ce fut Giuliano Gondi, riche négociant de Florence, qui le fit construire. Ce palais devoit se prolonger davantage, et retourner vers la *Mercatanzia vecchia* (1); mais la mort de Giuliano Gondi fit arrêter les travaux, qui ne furent pas exécutés avec autant de magnificence que le propriétaire se l'étoit proposé. On voit, par la disposition du plan, que le milieu du palais devoit être à l'angle où il se termine : il est à croire que la cour auroit eu alors une autre disposition, ainsi que le grand escalier qui est sous le portique.

---

(1) Nom d'un ancien marché de Florence qui n'existe plus.

PLANCHE LII.

Elévation géométrale du palais Gondi.

Cette façade prouveroit encore plus que le plan, que la grande porte, placée à l'angle du palais, devoit en être le milieu. La belle proportion de cet édifice, la pureté de ses profils, et le soin qui règne dans toute l'exécution, donnent une trop haute idée du talent de l'architecte, pour croire qu'il eût adopté une semblable disposition, sans y être conduit par quelque motif suffisant. On ne sauroit être trop circonspect dans la critique des productions des artistes, et sur-tout des architectes, dont l'imagination est presque toujours subordonnée au caprice des propriétaires.

PLANCHE LIII.

Coupe du même palais.

La cour est un peu haute pour sa largeur ; elle est cependant suffisamment éclairée. Les colonnes du portique du rez-de-chaussée, ainsi que celles de la loge qui couronne l'édifice, sont en belles pierres, et d'un seul morceau. On voit, au premier étage, la grande salle où se trouve placée la cheminée que nous avons donnée dans la planche L. Le plafond de cette salle est décoré de riches caissons et de peintures.

PLANCHE LIV.

Détails du même palais.

Nous avons réuni sur cette planche les détails des corniches intérieures et extérieures du palais. Toutes ces corniches sont remplies de grace et de finesse, et sont de la plus belle exécution. Le profil des croisées du premier étage de l'intérieur de la cour, où la corniche repose immédiatement sur le chambranle, est souvent employé dans les palais florentins. Ces chambranles sont en marbre blanc. La sculpture en est d'un bon travail.

PLANCHE LV.

Vue perspective de la cour du même palais.

Cette cour, entourée de portiques, est d'un bel effet : la petite fontaine au milieu est en bronze. La rampe de l'escalier, soutenue par une riche balustrade, se fait remarquer par le goût et la recherche. On voit au bas de l'escalier une statue antique.

La frise au-dessus du portique, se compose de médaillons, dans lesquels sont retracés en sculpture les portraits de la famille de Gondi.

COUPE DU PALAIS GONDI, A FLORENCE.

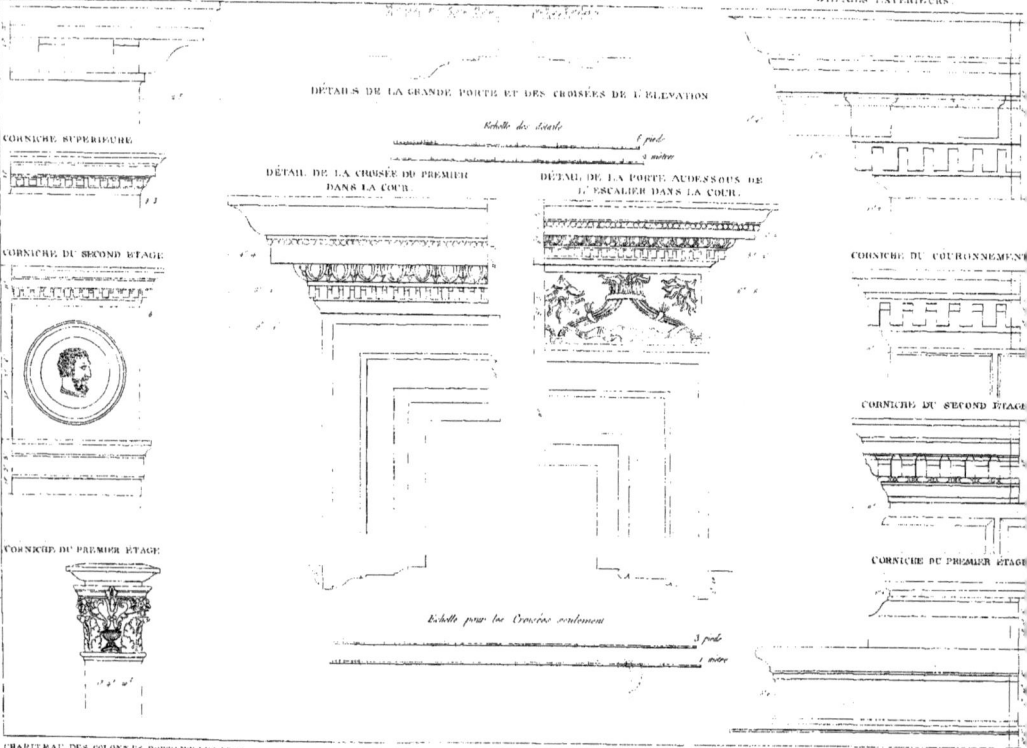

CORNICHE SUPÉRIEURE.

DÉTAILS DE LA GRANDE PORTE ET DES CROISÉES DE L'ÉLÉVATION

Échelle des détails

CORNICHE DU SECOND ÉTAGE.

DÉTAIL DE LA CROISÉE DU PREMIER DANS LA COUR.

DÉTAIL DE LA PORTE AUDESSOUS DE L'ESCALIER DANS LA COUR.

CORNICHE DU COURONNEMENT.

CORNICHE DU SECOND ÉTAGE.

CORNICHE DU PREMIER ÉTAGE.

Échelle pour les Croisées seulement

CORNICHE DU PREMIER ÉTAGE.

CHAPITEAU DES COLONNES PORTANT LES ARCS.   STILOBATE.

Pl. 55.

Pl. 55

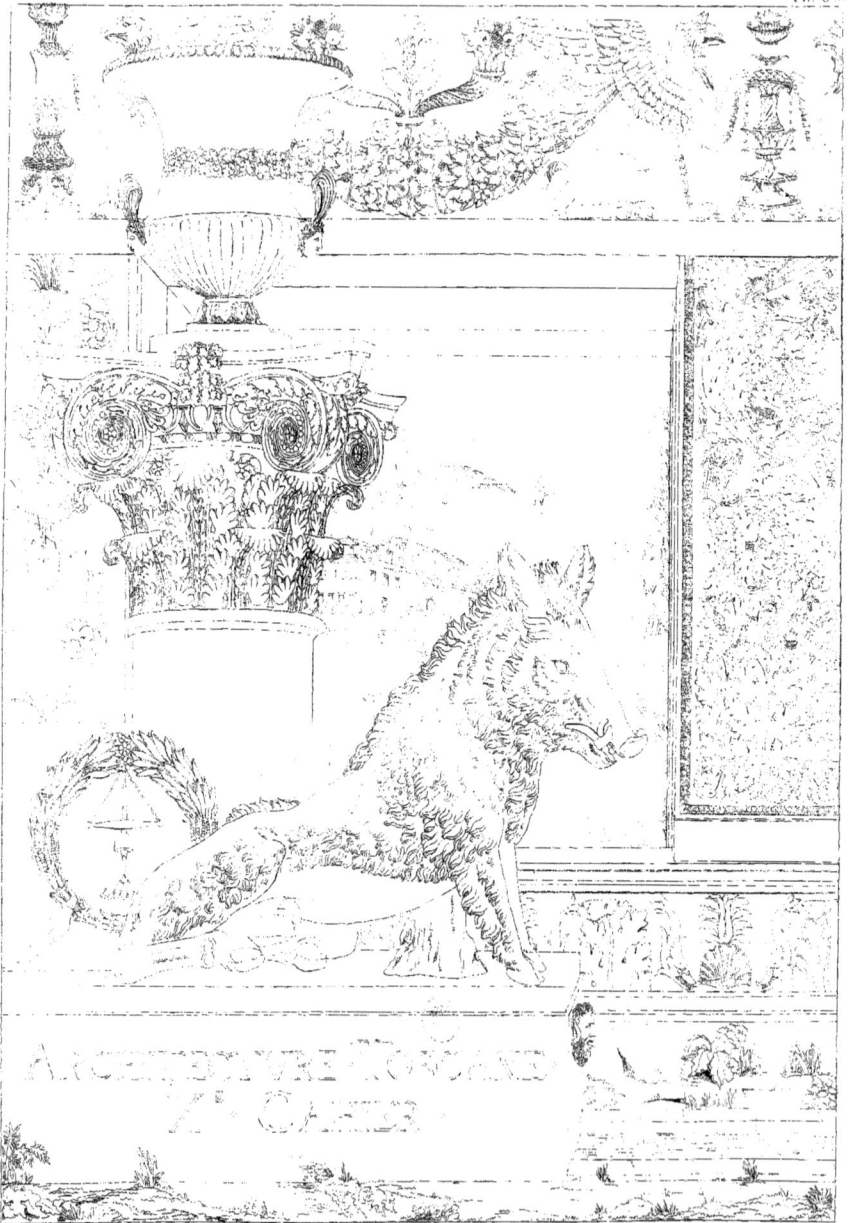

Echelle de l'Élévation

PLAN DU MARCHÉ.

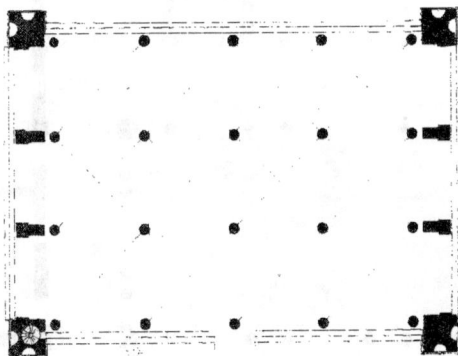

Echelle du Plan

Pl. 58

ÉLÉVATION DE LA COUR DU PALAIS DE ROBERT STROZZI, A FLORENCE.

PLAN DE LA COUR DU PALAIS STROZZI.

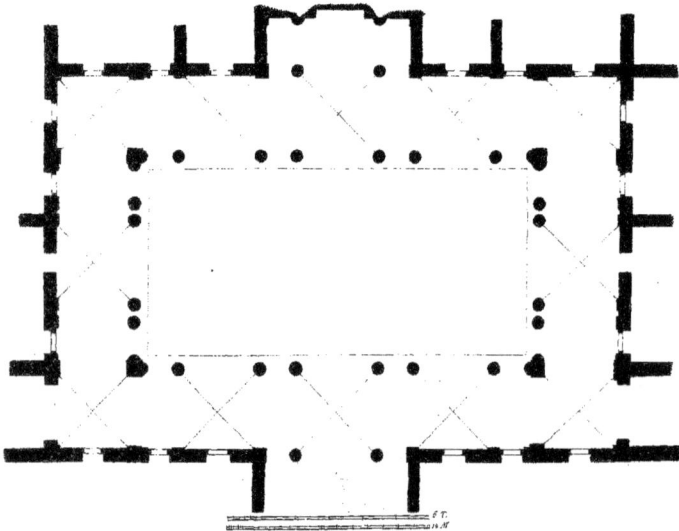

PLANCHE LVI.

Frontispice du dixième cahier.

Il se compose de divers fragments antiques et du quinzième siècle. On y remarque, entre autres, le sanglier en bronze, et un chapiteau composite des colonnes du Marché neuf (*del Mercato nuovo*). A travers ces fragments, on découvre la Villa Palmieri, sur la montagne de Fiezole.

PLANCHE LVII.

Plan et élévation du Marché neuf.

Il est situé près de la place du Grand-Duc, et construit dans un lieu qui étoit depuis long-temps destiné au commerce de la soie, un des plus importants que les Florentins fissent à cette époque. Côme Ier, attentif à gagner la bienveillance du peuple, fit commencer ce marché en 1547, par *Bernardo Tasso*, architecte florentin ; il fut terminé un an après, comme l'indique l'inscription placée au-dessus des arcs de la façade du levant. *Cosmus Medices Florent. dux II, publicæ magnificentiæ et salubritatis ergo, porticum, transverso columnarum ordine undique permeabilem, adversùs omnem cœli contumeliam negotiantibus in foro civibus suis extruxit MDXLVIII.*

Buontalenti fit percer deux escaliers dans les pieds-droits qui sont aux angles de ce marché ; ils conduisent dans une grande salle pratiquée au-dessus, et destinée aux archives. Ferdinand II enrichit ce monument d'une fontaine, et y fit placer une copie en bronze du sanglier antique. Cette copie est l'ouvrage de *Pietro Tacca*.

PLANCHE LVIII.

Plan et élévation de la cour du palais de Roberto Strozzi.

Le palais dont cette cour fait partie, est situé à l'angle des rues de' Balestrieri et degli Albizzi. Il fut construit en 1602, d'après les dessins de *Vicenzo Scamozzi*, architecte vénitien, qui nous en a donné le plan dans ses ouvrages. On y voit que le palais a éprouvé divers changements dans son exécution. La cour dont il est ici question, est de *Lodovico Cardi*, dit *Cigoli*, peintre et architecte toscan. Dans le plan de *Scamozzi*, le vestibule est fermé par une porte ; dans celui qui est exécuté, il n'est pas fermé, et il se lie avec le portique dorique qui entoure la cour. Aux deux étages supérieurs, les tables renfoncées détruisent l'effet des croisées, qui sont d'une belle proportion. Cette cour est construite en pierre.

PLANCHE LIX.

Détails de la cour du palais de Roberto Strozzi.

La pureté et la finesse qui règnent dans tous les détails que *le Cigoli* a employés dans cette cour, donnent une haute idée du talent de cet architecte. Les croisées, qui sont décorées de colonnes engagées d'ordre ionique, se font remarquer par leur belle proportion, et l'entablement qui couronne l'édifice, offre un rapport heureux dans toutes ses parties.

PLANCHE LX.

Casin des Cascine (Laiteries).

Il est situé au milieu d'une promenade publique appelée les Cascine del Isola. C'est une plaine d'environ trois milles de long, bordée, d'un côté, par le fleuve de l'Arno, et de l'autre, par un beau canal, qui la sépare de la campagne la mieux cultivée. Cette promenade, que les Medici créèrent et consacrèrent au public, est plantée de belles allées, de bosquets et de prairies très variées, et ornée de petits monuments d'architecture. Le plus intéressant est celui que nous donnons; Léopold Ier le fit élever en 1787, sur les dessins de *Giuseppe Manetti*, architecte florentin.

Le rez-de-chaussée est entièrement destiné au public : on l'a distribué en cafés, en billards, et en vastes salles de réunion, dégagées par le grand portique et par ceux qui entourent la cour. Au premier étage se trouvent les appartements du grand-duc, qui venoit souvent s'y reposer.

Aux deux côtés du casin, on voit de vastes étables et des bergeries, et au-dessus, des greniers.

L'ensemble de ces bâtiments est très intéressant, bien qu'on ne remarque pas, dans leur exécution, une grande pureté. La façade du casin est en briques et en pierres; les étables sont presque entièrement en briques.

Le parc est disposé de manière que, du casin, on découvre le fleuve, qui est assez large dans cet endroit.

PLANCHE LXI.

Vue du grand escalier du palais Pitti, prise, du premier étage, dans le vestibule qui précède la salle des gardes.

Cette façade, répétée de l'autre côté du vestibule qui donne entrée dans la salle des gardes, est disposée dans le style des arcs de triomphe. Les colonnes qui sont entre les arcs, supportent une riche balustrade en bronze, décorée de statues de marbre; ce qui forme deux tribunes agréables dans ce vaste vestibule. Au milieu du plafond, on voit une belle fresque, encadrée d'une large frise en sculpture.

CORNICHE DU PREMIER ÉTAGE.

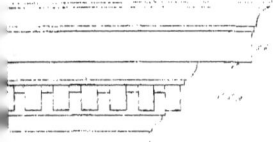

CORNICHE DU COURONNEMENT.

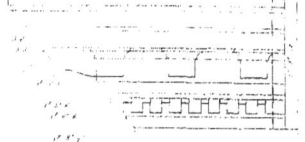

Échelle des détails   3 Pieds

Échelle de la croisée

CROISÉE DU PREMIER ÉTAGE.

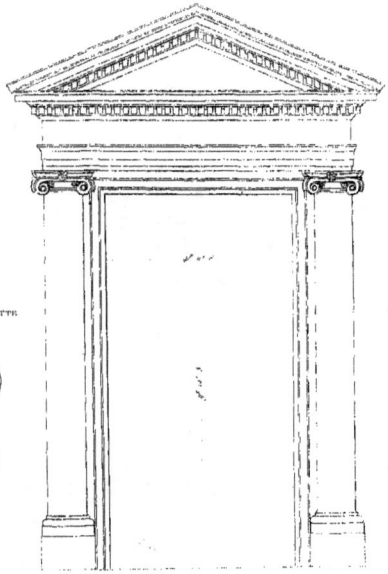

CLEF DES ARCS
ET PROFIL DE L'ARCHITECTE

APPUI DES CROISÉES

CORNICHE PORTANT LES ARCS

DÉTAILS DE LA CROISÉE

Pl. 60

ELÉVATION GÉOMÉTRALE DU GRAND CAFÉ ET DES ÉTABLES DANS LES PROMENADES DES CASCINES, A FLORENCE.

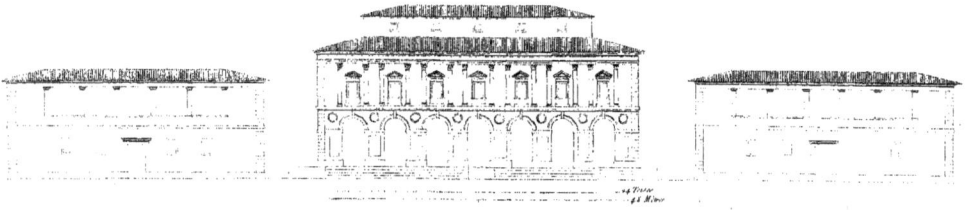

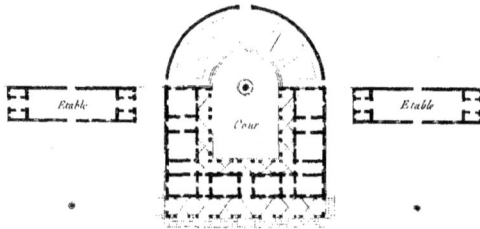

PLAN DU CAFÉ

VUE DU GRAND ESCALIER DU PALAIS PITTI, A FLORENCE,
PRISE DU PREMIER ÉTAGE

Pl. 62

ARCHITECTVRE TOSCANE
XIᵉ CAHIER

ELEVATION GÉOMÉTRALE DU PALAIS BARTOLINI,
SUR LA PLACE DE LA Ste TRINITÉ A FLORENCE.

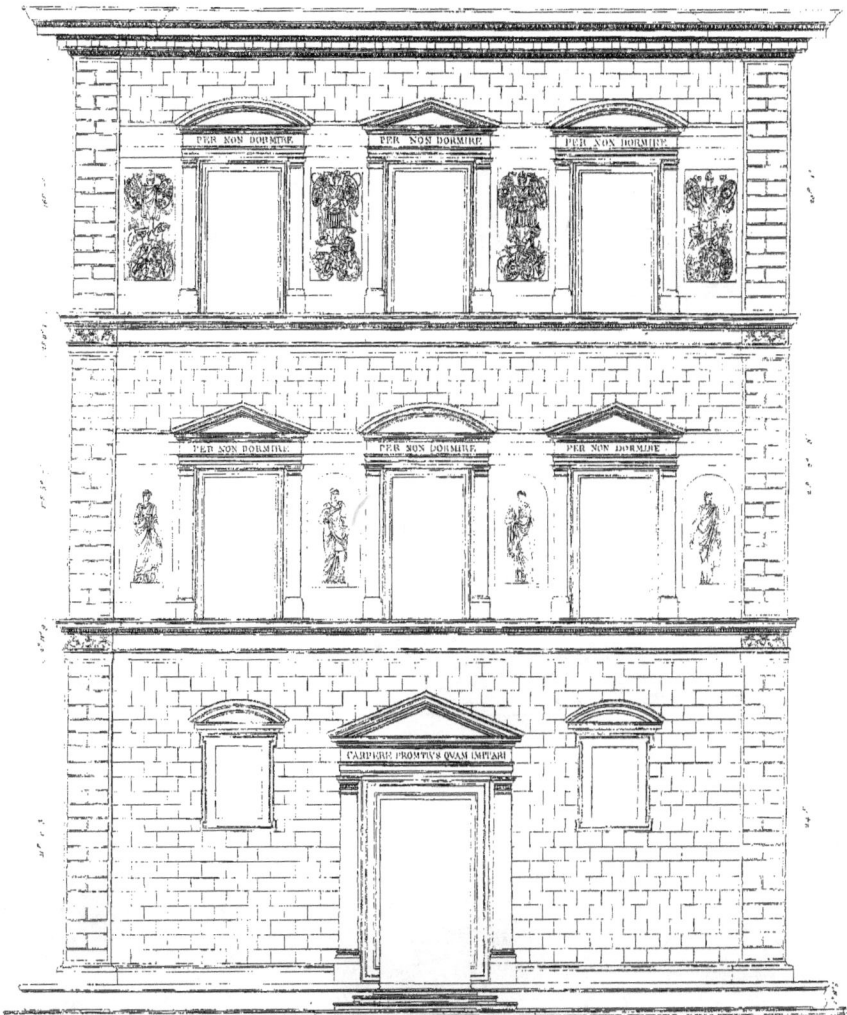

Echelle de l'Elévation

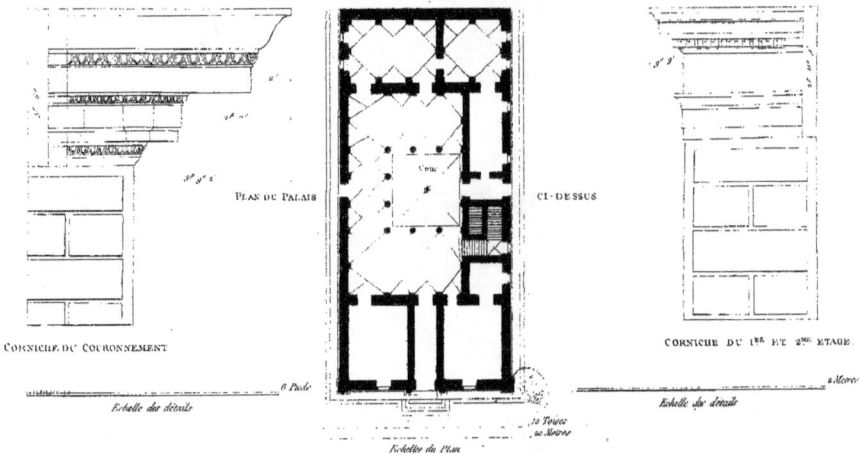

PLAN DU PALAIS   CI-DESSUS

CORNICHE DU COURONNEMENT   CORNICHE DU 1er ET 2me ETAGE.

Echelle des détails   Echelle des détails

Echelle du Plan

COUPE DU PALAIS BARTOLINI.

Echelle de la Coupe.

PLANCHE LXII.

Frontispice du onzième cahier.

Parmi les fragments qui le composent, on remarque un beau piédestal en bronze, qui se voit dans la galerie de Florence. Il représente le triomphe d'Ariadne. Deux Satyres précèdent le char, qui est traîné par des panthères. Ce bas-relief, encadré d'une riche bordure de feuilles de vigne et de raisins, est de *Lorenzo Ghiberti*, le même qui fit la belle porte du baptistère de Florence.

La statue couchée et placée au-dessus, ainsi que les vases étrusques, sont en terre cuite, et viennent du musée Guarnacci, à Volterra. Le groupe antique représentant l'Amour et Psyché, faisoit autrefois partie de la galerie de Florence; il est à présent au musée de Paris.

PLANCHE LXIII.

Plan, élévation, et détails du palais Bartolini.

Giovanni Bartolini, grand protecteur des arts, fit construire ce palais en 1520, d'après les dessins de *Baccio d'Agnolo*, à qui il en confia l'exécution. Il est situé sur la place de la Santa Trinita, en face de l'église du même nom. Il est isolé de trois côtés, entre les rues Rossa et delle Terme antiche. Son plan est d'une grande simplicité, caractère des productions d'*Agnolo*. La cour est entourée de trois portiques, soutenus par des colonnes. Les salles du rez-de-chaussée sont voûtées et décorées de bonnes peintures.

La façade de ce palais, construite toute en pierre, est riche d'architecture, et d'une élégante proportion. La corniche, dont on voit les détails sur la même planche, couronne agréablement cette façade. Les croisées et la porte principale sont ornées de colonnes portant des entablements surmontés de frontons. *Baccio d'Agnolo* fut le premier qui introduisit ce genre de décoration; il lui attira beaucoup de critiques, et même de vexations, dont il se vengea noblement, par l'inscription latine qu'il fit graver dans la frise de la porte: *Carpere promptius quàm imitari.*

On remarque, dans la frise des croisées, l'inscription suivante, *Per non dormire,* qui est vraisemblablement la devise de Giovanni Bartolini; elle fait allusion à la frise sculptée dans les chapiteaux des pieds-droits, aux angles du palais, qui se compose d'un anneau surmonté de trois têtes de pavots: ce sont les armes de cette famille.

Les trumeaux, entre les croisées, étoient décorés de statues antiques et de trophées en bronze.

PLANCHE LXIV.

Coupe du même palais.

La cour est ceinte de quatre étages de loges, dont les trois premiers sont exécutés en pierre. Les stylobates qui supportent les loges du premier et du second étage, sont décorés de compositions arabesques, dans lesquelles on a ajouté les armes de Bartolini : toutes ces frises sont exécutées en sgraffitto. Le quatrième rang de loges, construit en charpente, est en retraite, pour laisser entrer plus de jour dans cette jolie cour ; il est très ingénieusement reporté sur les poinçons du toit du rang inférieur. Ces portiques à tous les étages, sont très commodes pour dégager les appartements qui sont autour. La grace et la finesse des profils intérieurs, ne le cèdent en rien à la belle exécution de ceux de l'extérieur de ce palais.

PLANCHE LXV.

Plan de l'église de Saint-Michel.

Elle est située sur la place du même nom, et desservie par les pères théatins ; elle fut commencée en 1604, sur les dessins de *Matteo Nigetti*.

Les grandes occupations de cet artiste lui firent tellement négliger ce monument, que les théatins, fatigués de ses lenteurs, lui donnèrent pour successeur *Gherardo Silvani*, qui fit de nouveaux projets, et qui, ayant augmenté cette église en longueur et en largeur, lui donna la forme de la croix latine. Il la termina entièrement, ainsi que l'habitation des pères, et profita très ingénieusement de la hauteur des murs de l'église, pour leur pratiquer une promenade en terrasse, qui domine tous les palais voisins. Par ce moyen, il réussit à donner à leur habitation un agrément qu'elle ne pouvoit obtenir autrement, se trouvant entourée de palais très élevés qui la privoient d'air.

Cette église est une des plus intéressantes qui soient à Florence, tant par la pureté de son architecture, que par la finesse de son exécution.

Eglise de Sainte-Madelaine de' Pazzi, située rue de' Pinti.

Elle fut commencée en 1410, et desservie jusqu'en 1520 par les pères carmélites. On l'appeloit autrefois Sainte-Marie du Peuple, à l'instar de celle de Rome, parcequ'elle se trouvoit près de la porte Florentine, que l'on nommoit aussi porte du Peuple. Sa décoration répond à la simplicité de son plan. Elle se compose d'une seule nef, et de six chapelles de chaque côté. Le cloître qui la précède, est entouré d'un portique décoré de colonnes d'ordre ionique. L'architrave, servant d'imposte, supporte les deux arcs, qui donnent entrée, d'un côté, dans le cloître, et de l'autre, dans l'église. Ce cloître est une des bonnes productions de *Giuliano da San Gallo*. Le chapiteau des colonnes est imité d'un chapiteau antique, trouvé à Fiesole.

L'architecte a placé dans les angles, ainsi qu'aux supports des arcs, des pilastres carrés, qui, comme les antes des temples grecs, sont doriques.

Eglise de Saint-Pancrace, dans la rue della Spada.

Elle existoit avant 1078 : en 1470, elle fut renfermée dans la seconde enceinte de la ville.

DE L'EGLISE DE St PANCRASE.

A FLORENCE

PLAN DE L'EGLISE St MICHEL.

PLACE St MICHEL, A FLORENCE.

Cour

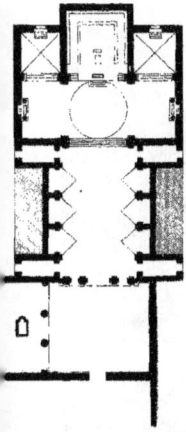

Echelle des Plans

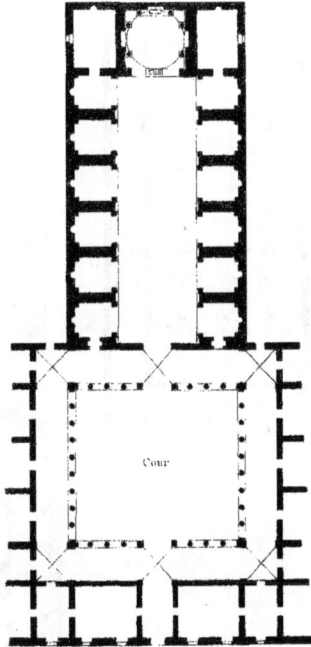

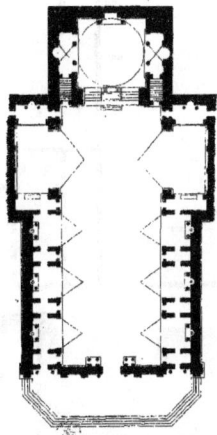

12 mètres

Echelle des Plans

20 mètres

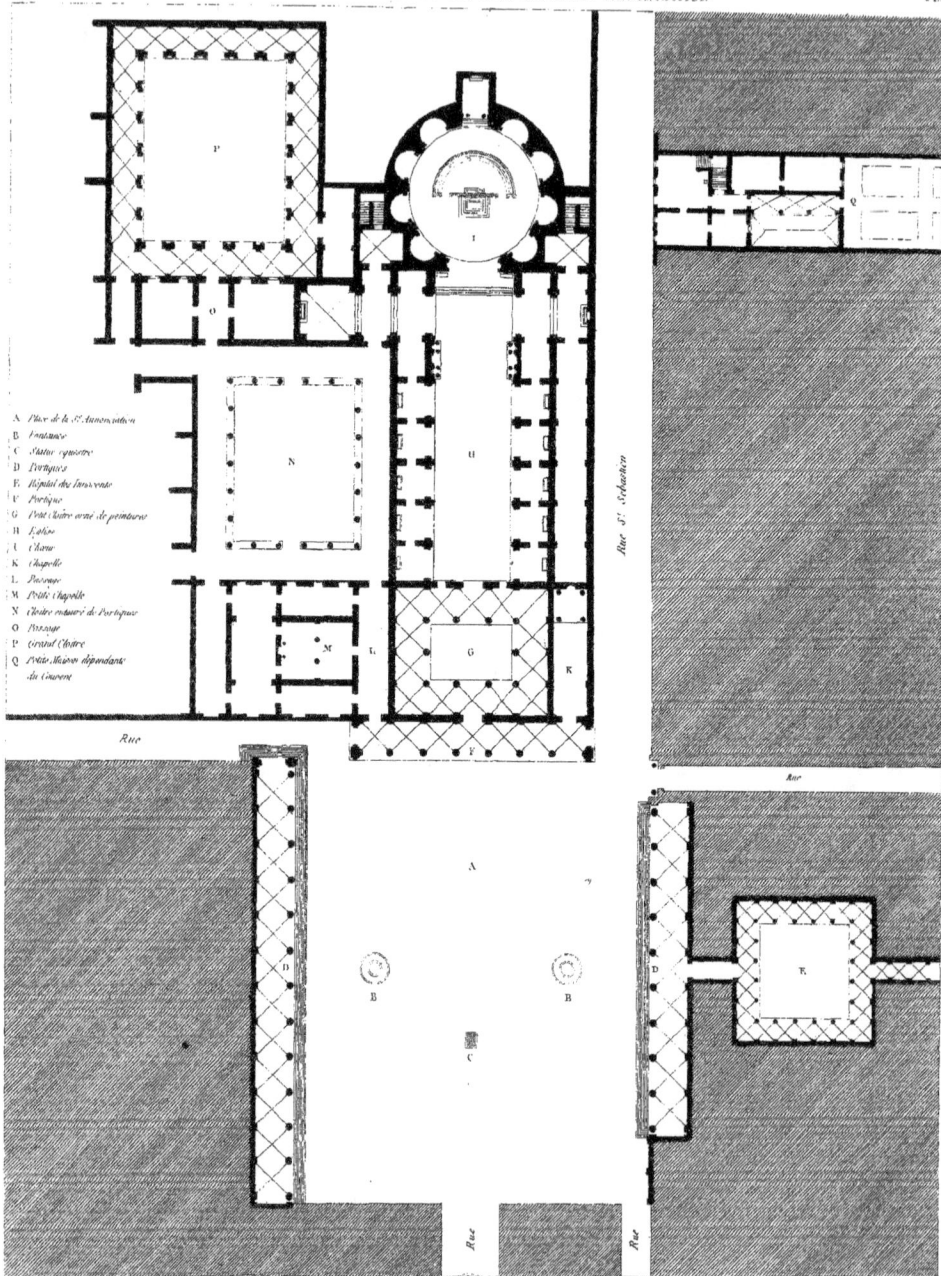

A   Place de la Ste Annonciation
B   Fontaines
C   Statue équestre
D   Portiques
E   Hôpital des Innocents
F   Portique
G   Petit Cloître orné de peintures
H   Église
I   Chœur
K   Chapelle
L   Passage
M   Petite Chapelle
N   Cloître entouré de Portiques
O   Passage
P   Grand Cloître
Q   Petite Maison dépendante
    du Couvent

Rue   Rue St Sébastien   Rue

30 toises
60 mètres

En 1216, elle étoit desservie par les bénédictins; elle passa ensuite aux moines de Valombreuse, qui en sont possesseurs.

Dans la restauration qui eut lieu en 1752, elle fut divisée en deux portions, dont l'une forme un atrium. A gauche de cet atrium, se trouve la chapelle et le tombeau de la famille des Ruccelai, faits à l'instar du saint sépulcre à Jérusalem, qui furent construits en 1467, d'après les dessins de *Léon-Baptiste Alberti*. On trouve la vue perspective de cette chapelle, ainsi que le tombeau, aux planches XVII et XVIII du recueil des plus beaux tombeaux, publié en 1814 par Grandjean de Montigny, l'un des auteurs de l'Architecture toscane.

PLANCHE LXVI.

Place et église de l'Annonciation.

Au milieu de cette place, est la statue équestre de Ferdinand I*, marquée par la lettre C sur le plan; cette statue est faite de bronze pris sur les Turcs, comme l'indique l'inscription que l'on voit sur la ceinture du cheval : *Dei metalli rapiti al fiero Trace.*

Le piédestal est en marbre. La statue fut érigée en 1608, l'année même de la mort de *Jean de Bologne,* qui en est l'auteur.

Ferdinand II fit depuis décorer le piédestal d'ornements en bronze, avec des bas-reliefs, en l'honneur de son oncle, comme l'indique l'inscription suivante : *Ferdinando I. magno Etruriæ duci Ferdinandus II. nepos. An. sal. MDCXLIII.*

La même année, il fit placer les deux fontaines marquées B sur le plan général. Elles sont exécutées en bronze par *Pietro Tacca,* sculpteur, élève de *Jean de Bologne.* A droite est le portique de l'hôpital des Innocents, marqué DE, construit, ainsi que l'hôpital, sur les dessins de *Filippo Brunelleschi;* il fut commencé vers l'an 1421, et terminé en 1444. Le portique D, que l'on voit à gauche, fut élevé par *Antonio da San Gallo,* qui le fit à l'imitation de celui de *Brunelleschi.*

Le portique marqué F sur le plan, est de *Gio Caccini,* architecte et peintre florentin, élève de *Gio Antonio Dosio.* Il le commença en 1601, et le termina en 1604; Alessandro et Roberto Pucci en firent les frais.

Le petit cloître G, qui sert d'atrium à l'église, est dû à la munificence des Medici. L'église, qui a été changée, augmentée et embellie, par les soins des plus illustres familles et d'après les dessins des artistes les plus célèbres du temps, fut fondée en 1262 par sept nobles florentins.

En 1472, Ludovico Gonzaga, marquis de Mantoue, et général au service de la république florentine, fit construire le chœur, de forme circulaire I, sur les dessins de *Léon-Baptiste Alberti : Luca Fancelli* fut chargé de l'exécution. Un volume ne suffiroit pas pour décrire les beautés que renferme ce monument, dont la disposition est de la plus grande magnificence. Le grand cloître, dont l'architecture est du *Cronaca,* et les autres plus petits que renferme ce riche couvent, sont décorés de peintures des maîtres les plus célèbres.

PLANCHE LXVII.

Vue de l'église de San-Miniato, près de Florence.

Cette église est située sur le mont Fiorentino, près de la porte San-Niccolo. Sur l'emplacement qu'elle occupe, il existoit, depuis la naissance du christianisme, un oratoire sous l'invocation de saint Pierre, qui prit le nom de San-Miniato, lorsqu'on y eut transporté le corps de ce martyr.

En 774, Charlemagne, devenu roi d'Italie, dota l'église de San-Miniato, et l'érigea en basilique. En 1013, elle fut entièrement reconstruite par les soins d'Hildebrand, évêque de Florence. Elle a été desservie jusqu'en 1373 par des bénédictins noirs : ils furent remplacés, à cette époque, par des moines olivetins, qui le furent eux-mêmes, en 1542, par les pères jésuites, qui en firent une maison de retraite pour les exercices spirituels.

Cette église, dont on voit le plan sur la planche LXXXIV, est divisée en trois nefs par deux rangs de colonnes.

Deux escaliers en marbre montent au chœur, disposé à l'instar des églises primitives. Ce chœur est construit en marbre, et décoré de riches mosaïques : on en voit les détails à la planche LXXX. On y remarque aussi les cinq croisées qui éclairent le grand cul de four, au fond de l'église; elles sont fermées par des tables de marbre transparent, ce qui produit un effet très mystérieux. Au-dessous, dans la chapelle sépulcrale, sont disposés les tombeaux de plusieurs martyrs. La charpente de cette église est d'une composition simple; l'ensemble du monument est d'un aspect fort intéressant.

PLANCHE LXVIII.

Frontispice du douzième cahier.

Il offre divers fragments tirés des musées et des églises de Florence. On y remarque un beau sarcophage, et un chien de sculpture antique, posé sur un piédestal du quinzième siècle.

PLANCHE LXIX.

Plan du palais Niccolini, dans la rue de' Servi.

Ce palais est construit sur un terrain resserré et irrégulier, que *Brunelleschi,* à qui ce monument est attribué, a su agrandir par la belle disposition du plan. La cour, entourée de portiques, se lie agréablement avec la galerie ouverte sur le jardin, qui sert de vestibule aux appartements. Ceux-ci sont éclairés, de l'autre côté, sur un petit jardin particulier, embelli de grottes et de fontaines. Les portiques de la cour et la galerie sont décorés d'une belle collection d'antiquités. Les pièces disposées sur la façade du palais, sont

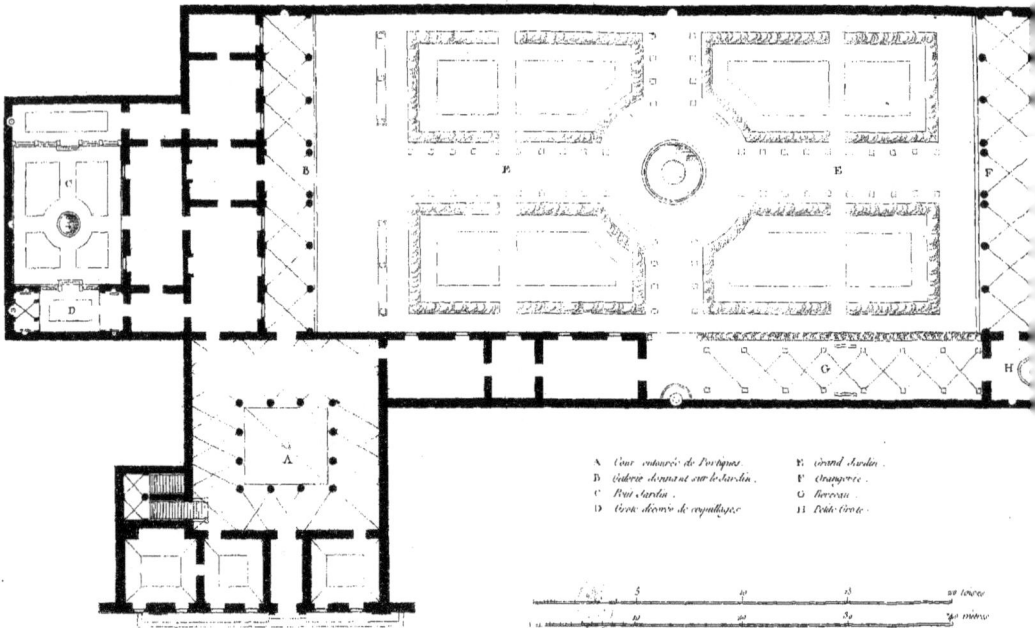

A Cour entourée de Portiques.   E. Grand Jardin.
B Galerie donnant sur le Jardin. F. Orangerie.
C Petit Jardin.   G. Berceau.
D Grote décorée de coquillages.   H. Petit Grote.

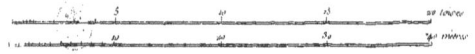

ARCHITECTVRE TOSCANE

ÉLÉVATION GÉOMÉTRALE DE LA GALERIE DU PALAIS NICOLINI, DONNANT SUR LE JARDIN.

ÉLÉVATION GÉOMÉTRALE DU PALAIS NICOLINI, A FLORENCE

COUPE GÉOMÉTRALE DU PALAIS NICOLINI

d' Traité
et Mètres

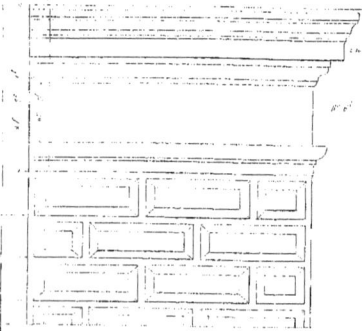

DÉTAILS DU PREMIER ÉTAGE.

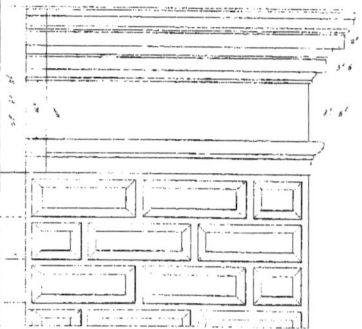

CORNICHE DU SOUBASSEMENT.

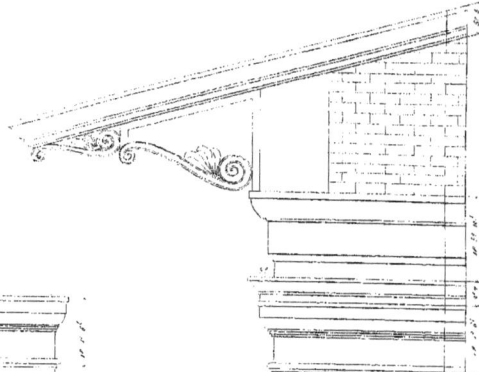

COLONNE DE LA LOGE.

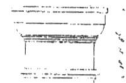

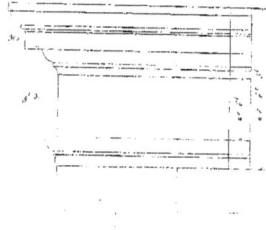

CORNICHE DU COURONNEMENT.

CORNICHE DU SECOND ÉTAGE.

destinées, suivant l'usage des Florentins, à des parloirs et aux bureaux de l'intendant de la maison.

L'escalier est bien placé, et reporte au premier étage dans une belle suite d'appartements, qui se distribuent autour de la cour, et se lient avec le corps de bâtiment placé sur les jardins; ce qui forme un très bel ensemble. Le grand jardin est orné de statues, de vases, de bancs et de fontaines; il se termine par une galerie semblable à celle dont il a déja été fait mention. Cette galerie sert d'orangerie, et forme, dans l'arrière-saison, un jardin d'hiver très agréable.

PLANCHE LXX.

Elévation géométrale du même palais.

La disposition du terrain de ce palais a forcé l'artiste d'en diviser les croisées en nombre pair, ce qui l'a empêché de placer la porte principale au milieu de la façade. Malgré ce défaut, l'heureuse proportion de cette façade, la décoration qu'elle tire des détails mêmes de sa construction, et la pureté de ses profils, la feront toujours regarder comme une bonne production.

Le rez-de-chaussée, ainsi que le premier étage, sont construits en pierre; le second est en pierre et en brique. Les colonnes de la loge, et les plates-bandes qu'elles supportent, sont en pierre. Dans la charpente du toit, les arbalétriers se terminent par de doubles modillons sculptés, qui couronnent cette façade.

La façade des portiques donnant sur le jardin est plus moderne, mais elle n'est pas d'une aussi bonne proportion. Les arcades sont trop larges pour leur hauteur, et ne trouvent d'excuse que dans l'espacement des croisées, et la nécessité de laisser arriver le jour dans les appartements. Du reste, le style de cette architecture, convenable à la décoration du jardin, est assez en harmonie avec celui du palais.

PLANCHE LXXI.

Coupe géométrale du même palais.

Elle est prise sur le milieu du palais, et elle en offre tout le développement. L'architecture de l'intérieur de la cour est bien en rapport avec celle de la façade extérieure. On remarque au second étage, sur la rue, une bibliothèque, que le marquis Niccolini ouvre au public; elle occupe toute la largeur de la façade.

Ce palais peut être considéré comme un véritable musée, par la grande quantité de monuments d'arts qui y ont été rassemblés à grands frais.

PLANCHE LXXII.

Détails du même palais.

Tous ces détails appartiennent à la façade; les profils en sont purs, et exécutés avec le plus grand soin. L'ajustement des modillons qui décorent le bout des arbalétriers de la charpente, est remarquable par sa grande saillie. Ces toits sont en usage dans presque toute la Toscane; ils contribuent beaucoup à la conservation des édifices.

PLANCHE LXXIII.

Vue du vestibule de l'hôpital de Saint-Jean de Dieu.

L'hôpital dont on présente ici le vestibule, est situé dans la rue del Borgo d'ogni Santi. Ce vestibule est attribué à *Carlo Andrea Marcellini,* sculpteur et architecte florentin, qui construisit aussi l'église attenante à l'hôpital.

Entre les deux escaliers qui montent à la salle des malades, on a disposé un autel consacré à la Vierge, qui se trouve placé de manière que le public ainsi que les malades peuvent entendre la messe, sans que le service de l'hôpital soit interrompu. Cet établissement, fondé en 1400, est aujourd'hui administré par les religieux de Saint-Jean de Dieu, et contient quarante lits.

PLANCHE LXXIV.

Frontispice du treizième cahier.

Le tombeau d'un évêque, que l'on voit sur le premier plan, est dans l'église dell' Annunziata. A droite s'élève, sur une espèce de candélabre, le groupe en bronze de la Judith de *Donatello,* qui est placé sous la loge des Lances. Les deux pilastres, à droite et à gauche, sont décorés de peintures grecques modernes. La petite colonne ornée de feuilles, et surmontée d'un aigle, se trouve souvent répétée dans la promenade des Cascine; la frise d'enfants est sculptée dans la salle du conseil, au palais vieux; le bénitier est dans l'église de Santa Trinita. On voit, dans le fond, une portion des murs attenants à l'église de Santa Maria Novella; ils sont décorés d'arcs ogives, entre lesquels sont ajustés des tombeaux: ces constructions, exécutées en marbre blanc et noir, furent imitées par *Léon-Baptiste Alberti* dans le soubassement de l'église de San-Francesco, qu'il construisit à Rimini.

PLANCHE LXXV.

Plan de l'église du Saint-Esprit et du couvent des Augustins.

Après l'incendie de l'ancienne église, vers le commencement du quatorzième siècle, plusieurs riches familles du quartier de San-Spirito, aidées d'une somme assez forte que le gouvernement avoit affectée à l'érection d'un temple en l'honneur de saint Augustin, chargèrent *Filippo Brunelleschi* de la construction de ce monument. Selon *Vasari,* cet artiste disposa son plan de manière que la façade de l'église étoit tournée du côté du fleuve, et précédée d'une belle place; mais diverses raisons s'étant opposées

ARCHITECTURE TOSCANE
XIII.ᵉ   CAHIER.

PLAN DE L'EGLISE DU S.t ESPRIT ET DU COUVENT DES AUGUSTINS A FLORENCE.

PL. 3.

Renvoi du Plan

Nef devant l'Eglise.
Escalier
Terrasse
Eglise divisée en trois nefs.
Maître autel.
Niches dans tout le pourtour intérieur de l'Eglise formant chapelles.
Passage à la Sacristie et aux Cloîtres.
Sacristie
Petite Cour.
Grand de Cour entourée de Portiques en arcades, elle est dallée en pierre, au centre une fontaine.
Oratoire.
Réfectoire des Pères
Grande Cour entourée de Portiques soutenus par des Colonnes, ornée de fontaine et gazons.
Corridor de dégagement.
Grand Escalier arrivant dans une grande Galerie servant de promenoir et distribuant dans les cellules
des Pères, la dite portique au-dessus du Réfectoire.
Petite Cour
Réfectoire des Novices.
Cour entourée de Portiques.
Réfectoire du service.
Cour du service.
Entrée du service.
Service du Couvent.

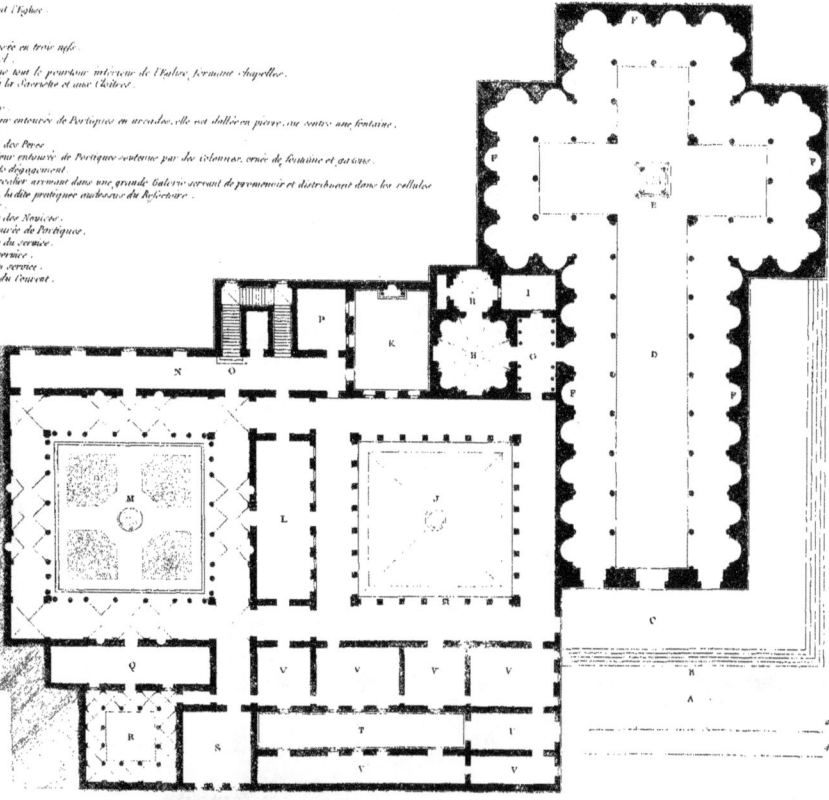

ÉLÉVATION GÉOMÉTRALE ET POSTERIEURE DE L'EGLISE DU St ESPRIT A FLORENCE.

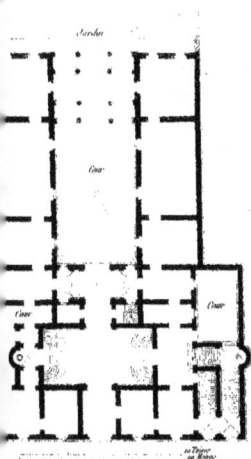

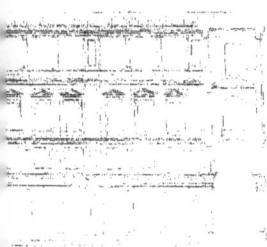

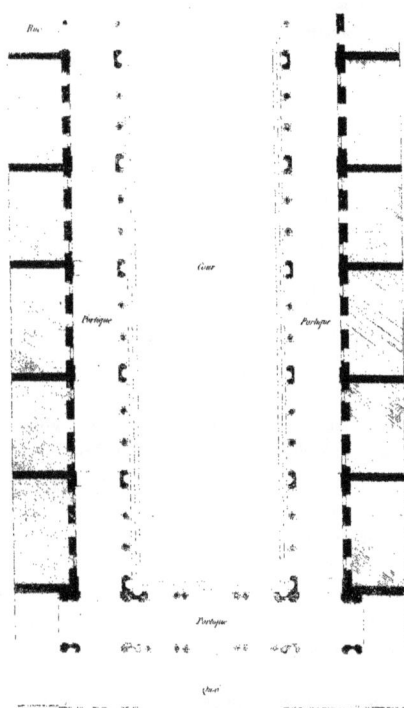

Echelle du Plan et de la Façade et Coupe.

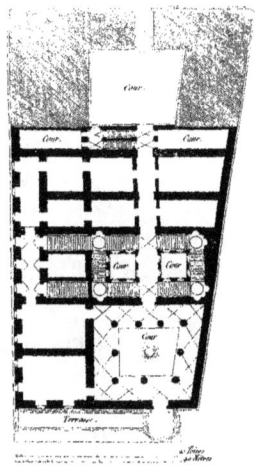

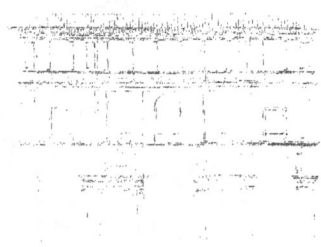

ELEVATION DU PALAIS DES OFFICES COTE DU FLEUVE.

TOSCANE.

à l'exécution de son premier projet, *Brunelleschi* fut forcé d'en faire un second, en se renfermant dans les terrains qui appartenoient à la communauté.

L'église, en forme de croix latine, est divisée en trois nefs, par deux rangs de colonnes qui règnent au pourtour. Les niches demi-circulaires, situées en face des entre-colonnes, forment autant de chapelles, appartenantes aux plus nobles familles de Florence, qui les ont fait décorer avec magnificence. Cette église fut terminée en 1470, vingt-six ans après la mort de *Brunelleschi*, à qui l'on attribue aussi la disposition générale du couvent, qui s'y lie. Tous ces travaux furent exécutés à différentes époques. La sacristie, de forme octogone, est du *Cronaca*; le vestibule qui la précède, et dont nous avons représenté la voûte sur la planche XLIV, est de son élève *Andrea Contucci*, dit *il Sansovino*. Le premier cloître, attenant à l'église, fut construit par *Alfonzo Parigi*; et le second, ouvert par trois arcs sur chacune de ses faces, et entouré de colonnes doriques supportant des plates-bandes, est de *Bartolomeo Ammanati*, qui le commença en 1564.

Ce plan est d'une belle disposition; la marche en est simple et bien entendue. On regrette que l'église, l'une des plus belles de l'Italie, ne soit point isolée, et sur une place plus régulière.

PLANCHE LXXVI.

Elévation géométrale de la façade postérieure de l'église du Saint-Esprit.

Toutes les façades de cette église ont été terminées, à l'exception de la principale; ce que l'on remarque également dans beaucoup d'églises d'Italie. Ici ces façades sont construites en *pietra forte*, profilées avec grace, et exécutées avec le plus grand soin.

Coupe transversale de la même église.

Les colonnes qui entourent la grande nef, sont d'ordre corinthien; elles sont exécutées en *pietra serena*, tirée des montagnes de Fiesole, et d'un seul bloc: toutes les corniches et les entablements sont de la même pierre. Les plafonds de l'église sont ornés de riches compartiments de caissons octogones; les quatre pilastres au centre de la croix sont également d'ordre corinthien, et supportent un entablement qui sert d'imposte aux quatre grands arcs, sur lesquels repose une double coupole.

Le baldaquin et le maître-autel, construits aux frais de la famille Michellozzi, sont en marbre blanc de Carrare, incrusté de pierres dures; cet ouvrage est de *Caccini*, architecte et sculpteur florentin.

PLANCHE LXXVII.

Moitié du plan, façade antérieure, et portion de la coupe longitudinale du palais des Offices.

Ce monument est composé d'une grande cour, entourée de trois côtés de vastes

portiques; ceux-ci servent de dégagement aux salles du rez-de-chaussée, destinées autrefois aux tribunaux et aux bureaux de l'administration du gouvernement. D'un côté,
le palais s'appuie sur la loge des Lances; de l'autre, il est réuni au vieux palais par un
pont qui s'élève au-dessus de la voie publique. Côme Ier le fit commencer en 1561, d'après
les dessins de *Giorgio Vasari.* Après la mort de cet artiste, qui arriva en 1574, *Alfonzo
Parigi* eut la direction des travaux, et les termina.

Le premier étage de ce palais, autrefois destiné aux archives de l'Etat, contient aujourd'hui la bibliothèque Magliabecchi, que le duc François Ier y a fait placer. La galerie
qui forme le second étage, fut d'abord uniquement destinée à faire suite à celle qui
réunit le vieux palais au palais Pitti; elle forme aujourd'hui la partie principale du
célèbre musée de Florence. Les salles du rez-de-chaussée ont été transformées en bou-
tiques; les portiques forment une très belle promenade publique ouverte sur le fleuve.

Vasari avoit eu dessein de réunir, dans cette belle cour, les statues des grands hommes
qui avoient illustré la république : il les destinoit à orner les niches qui décorent les
pieds-droits du rez-de-chaussée, comme on le voit dans la coupe et dans l'élévation de
ce palais, dont nous donnerons encore une vue perspective à la planche LXXIX.

Plan du palais vieux.

Ce palais, situé sur la place du Grand-Duc, fut commencé en 1298 par *Arnolfo di
Lapo,* architecte florentin. Celui-ci se vit forcé de suivre le biais que présentoit le terrain,
le gouvernement ne lui ayant pas permis de construire sur celui des rebelles Uberti et
Guibellini, dont les maisons avoient été rasées : on exigea en outre que la tour de
Foraboschi, appelée la tour della Vacca, fût enclavée dans les nouvelles constructions.
Tant que dura la république, ce palais fut la demeure du gonfalonier, et de huit prieurs,
qui l'habitoient pendant les deux mois que duroient leurs fonctions. Il est construit
en *pietra forte.* Après avoir été restauré en 1450 par Côme-le-Grand, comme nous
l'avons dit dans l'explication de la planche XXXII, il le fut de nouveau en 1540, par les
soins de Côme Ier. Parmi les nombreux changements que ce dernier y fit faire, on remarque le bel escalier qui conduit à cette magnifique salle du grand conseil, dont nous
avons donné une vue perspective sur la planche XXXVII.

Plan du palais Ximenès.

Ce palais, que *Giulano da San Gallo* construisit pour sa propre habitation, est
d'une belle disposition. Le vestibule est ajusté avec beaucoup de goût, et l'escalier,
éclairé par une petite cour, est d'un effet très piquant; *San Gallo* le fit comme un
essai de celui qu'il se proposoit de faire exécuter dans le palais du grand-duc à Poggio-
a-Caiano.

La loge qui sépare la cour du jardin, est d'un beau caractère, et termine agréablement cette jolie composition : on en voit la vue perspective sur la planche suivante.

Pl. 60

EDILE MIOGAE

ARCHITECTVRE
TOSCANE
XIV CAHIER

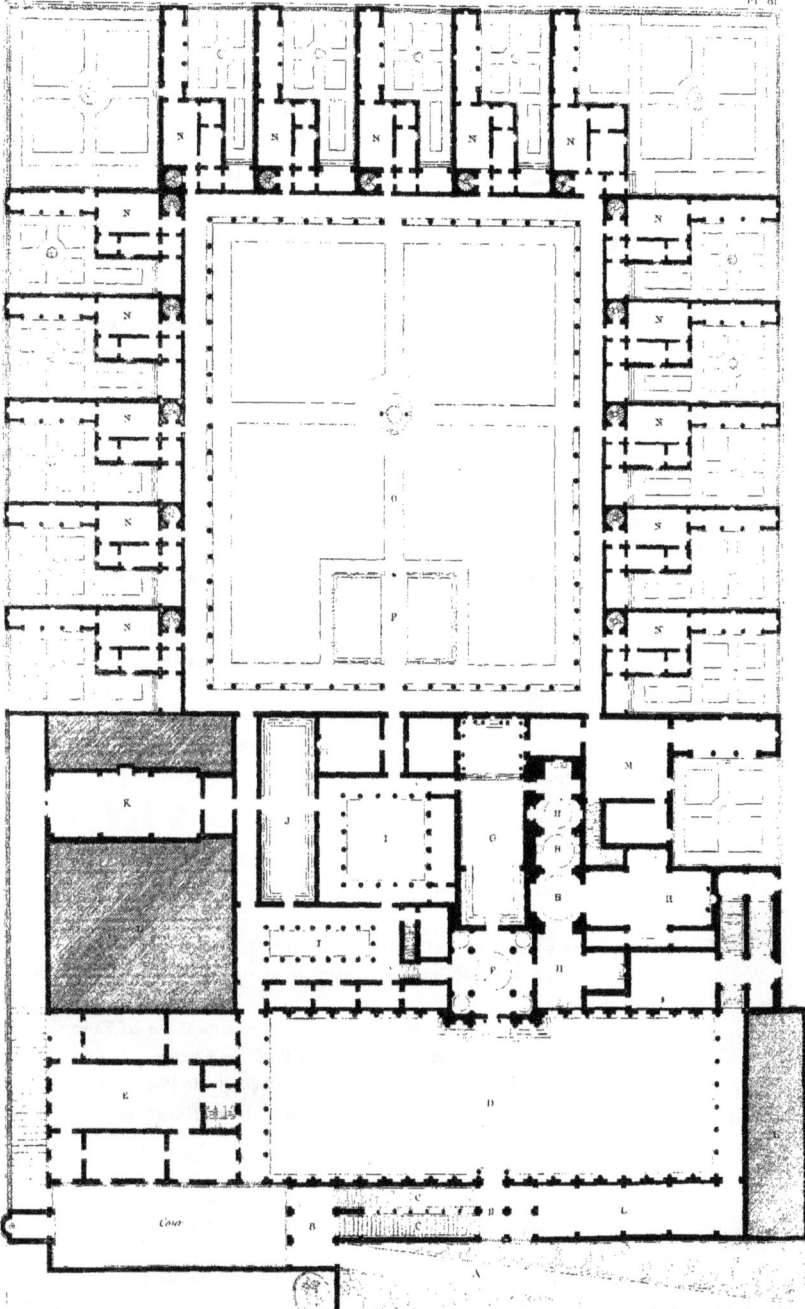

Cour

A. *Porte d'eau* .   E. *Habitation des Étrangers* .   I. *Petit Cloître* .   M. *Maison du Prieur* .
B. *Vestibules* .   F. *Vestibule de l'Église* .   J. *Réfectoire des Chartreux* . N. *Maisons des Chartreux* .
C. *Écuries* .   G. *Église de la Chartreuse* .   K. *Cuisine* .   O. *Grand Cloître* .
D. *Cour des Étrangers* .   H. *Chapelle et Église des Étrangers* .   L. *Magasins et dépendances* .   P. *Cimetière des Chartreux* .

PLANCHE LXXVIII.

Porte dans l'intérieur du vieux palais, servant de cadre à une vue perspective du palais Ximenès.

Cette porte, dont la corniche repose sur le chambranle, se trouve très souvent répétée à Florence; les profils en sont purs et bien soutenus. Elle est exécutée en marbre blanc; la sculpture en est soignée et d'un beau travail. La vue de la cour du palais Ximenès est prise du vestibule. Le portique qui sépare cette cour du jardin, produit un effet très agréable; il est décoré de statues antiques, et, quoique la disposition du plan soit très simple, l'exécution en est soignée.

PLANCHE LXXIX.

Vue perspective du palais des Offices, prise des bords de l'Arno.

Cette vue d'un monument dont nous avons donné le plan et les façades à la planche LXXVII, est prise sur le devant du portique, du côté du fleuve. On voit, dans le fond, une partie de la place Ducale et du palais vieux, couronné par la tour des Foraboschi. Le palais des Offices est construit tout en pierre, et d'une riche exécution; les colonnes sont d'un seul bloc.

L'architecture, bien qu'elle ne soit pas très pure, présente ici un ensemble de la plus grande magnificence. Il y a très peu d'exemples d'une pareille réunion de monuments dans un si petit espace.

PLANCHE LXXX.

Frontispice du quatorzième cahier.

On remarque, parmi les fragments qui le composent, une portion d'un petit mur d'appui du chœur de l'église de San-Miniato al Monte; il est en marbre, incrusté de mosaïques en pierres dures.

L'entablement, où l'on voit une tête de lion dans la frise, est de Santa Maria del Fiore. Les autres fragments font partie de la chapelle du palais Pitti. Le pupitre et le siége épiscopal, que l'on voit sur le devant, se trouvent dans la cathédrale de Pise. Le siége est exécuté en bois de noyer, et doré par parties; ce mélange, bien ménagé, est d'un effet très agréable.

PLANCHE LXXXI.

Plan de la Chartreuse, près de Florence, sur la route de Sienne.

Ce monastère, situé à trois milles de Florence, sur la plate-forme du Monte Acuto, a été fondé par la famille degli Acciajuoli, et particulièrement par Niccolo Acciajuoli, sénéchal du roi de Naples et de Jérusalem. Il fut commencé en 1341, d'après les dessins d'*Andrea Cione Orgagna*, peintre, sculpteur et architecte florentin. Sa disposition est de la plus grande magnificence. La vaste cour qui précède l'église, est d'un noble caractère; les chapelles et l'église sont enrichies des plus beaux marbres; les cloîtres sont décorés de peintures des maîtres les plus célèbres: autour du grand cloître sont disposées quinze cellules, contenant chacune une habitation complète, avec un petit jardin pour chacun des pères. Les étrangers sont reçus et logés pendant trois jours dans cette maison.

PLANCHE LXXXII.

Porte dans le cloître du couvent de Sainte-Croix.

Cette porte est dans le même cloître que la chapelle des Pazzi, dont on a donné le plan, la façade, la coupe et la vûe perspective, sur les planches XI, XII et XIII. Elle est exécutée en marbre blanc. Les colonnes sont engagées aux trois quarts dans le mur; elles sont d'un seul bloc. Les chapiteaux, ainsi que les ornements des corniches, sont bien exécutés; celui qui entoure le chambranle, est gravé en creux. Les battants que nous donnons ici, n'appartiennent pas à cette porte; ce sont ceux de la chapelle des Pazzi. Les panneaux du bas sont ouverts par une grille en bronze; la sculpture des rosaces et des panneaux supérieurs est d'un beau travail. La grande variété des ornements prouve combien les artistes, à cette époque, abondoient dans leurs compositions.

PLANCHE LXXXIII.

Elévation géométrale de l'hôpital de Santo Paolo de' Convalescenti.

Cet hôpital, dont on donne la façade, est situé sur la place de Santa Maria Novella. Le portique ouvert sur cette place, sert de promenade aux pauvres convalescents, qui sont reçus dans la maison pendant trois jours, au sortir des autres hospices. Cet établissement, fondé en 1221, est administré par les religieux de Santo Paolo. Il a été agrandi depuis, et embelli par la construction de la façade, dont l'agréable proportion et la finesse des profils feroient adopter l'opinion qu'elle est de *Filippo Brunelleschi*. Les auteurs qui en ont parlé, ne sont pas d'accord sur l'époque de sa construction. On trouve, sur un des médaillons en terre cuite placés entre les arcs, la date de 1451, qui peut-être indique l'année où *Andrea*, frère de *Luca della Robbia*, les fit placer. En 1789, toutes les colonnes du portique furent enlevées et remplacées par d'autres: ce changement, qui ne fit éprouver aucun tassement à la façade, fut exécuté par *Giuseppe Salvetti*, architecte florentin.

Plan et élévation géométrale du marché aux Poissons.

Côme Iᵉʳ fit construire ce portique, destiné à la vente du poisson, pour remplacer le

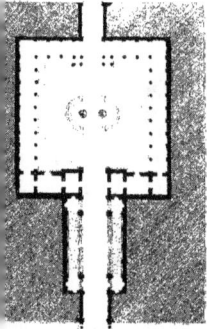

PLAN DU PETIT MARCHÉ AUX POISSONS.

ELEVATION GÉOMETRALE DE L'HOPITAL DE S.te MARIE NOUVELLE A FLORENCE.

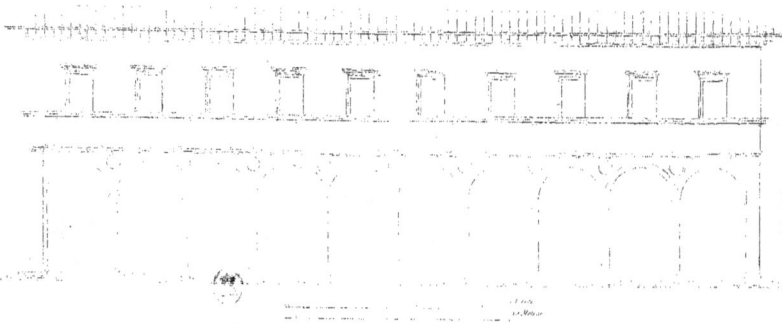

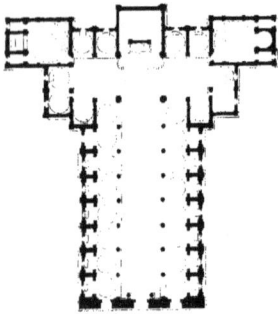

STE MARIE NOUVELLE A FLORENCE.

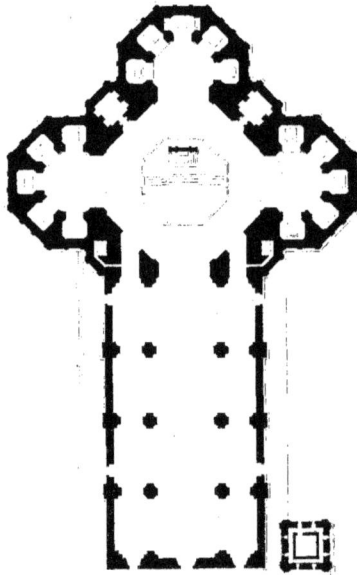

STE MARIE DES FLEURS A FLORENCE.

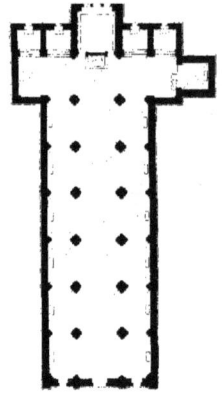

ST LAURENT A FLORENCE.

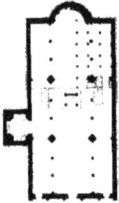

ST MINIATO A FLORENCE.

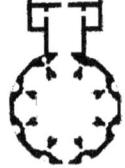

EGLISE DES ANGES A FLORENCE.

marché qu'il avoit fait supprimer. Il est situé sur la place du vieux Marché. Les colonnes sont en pierre, et d'un seul morceau. Cette façade est d'une agréable simplicité : les voûtes sont en culs de four, et produisent un bel effet. On attribue ce petit monument à *Giorgio Vasari*, qui fut chargé de presque tous les travaux que Côme I⁰ fit exécuter à Florence.

Plan du palais Zanopucci, et d'un autre petit palais.

La belle disposition de ces plans leur a fait trouver place dans ce recueil. L'escalier du palais Zanopucci, qui fait l'ornement de son vestibule, a beaucoup de noblesse, et produit un bel effet. Le plan du petit palais se fait remarquer par l'étude de ses détails.

PLANCHE LXXXIV.

Nous avons réuni ici, sur la même échelle, les plans de cinq églises, qui présentent beaucoup de variété et d'intérêt dans leurs dispositions.

Santa Maria del Fiore.

Cette église fut commencée en 1298, d'après les dessins d'*Arnolfo di Lapo*. Elle fut appelée alors Santa Maria del Fiore, mais elle a conservé aussi le nom de Santa Reparata, qu'elle portoit autrefois.

Filippo Brunelleschi commença en 1420 à travailler à la coupole, et à l'époque de sa mort, qui arriva en 1444, la voûte étoit fermée. L'église ne fut terminée qu'en 1472 : le 22 mai de cette année, on posa la croix qui est au-dessus de la boule. Ce monument est, à l'extérieur, revêtu en marbre de couleur. *Bernardino Sgrilli*, et depuis *Gio Batista Nelli*, en ont publié une histoire exacte, qui nous dispense de plus longs détails.

Santa Maria Novella.

Commencée en 1279 par les soins du cardinal Latino, qui en posa la première pierre, cette église fut construite par *Fra Sisto* et *Fra Ristoro*, et ensuite par *Fra Giovanni*, qui la termina l'an 1350. Ces trois architectes étoient dominicains.

L'église, d'architecture gothique, est divisée en trois nefs par de grands piliers ornés de colonnes engagées, qui supportent les voûtes. Elle est décorée, de chaque côté, d'autels que Côme I⁰ fit exécuter par *Giorgio Vasari*. La façade est ornée de colonnes incrustées en marbre de couleur ; elle fut construite aux frais de Gio Paolo Ruccelai, et terminée en 1477 par *Léon-Baptiste Alberti*.

Santo Lorenzo.

Cette église, commencée en 1425, d'après les dessins de *Filippo Brunelleschi* et par les ordres de Giovanni de' Medici, fut continuée par Côme-le-Grand. Elle occupe

9

le même emplacement que l'église ancienne, qui fut consumée en 1423. Elle a la forme d'une croix latine, et est divisée en trois nefs par deux files de colonnes d'ordre composite, supportant des arcs. Le style de son architecture lui donne beaucoup de rapports avec l'église du Santo Spirito, bâtie par le même artiste, et dont on voit le plan, la façade et la coupe, sur les planches LXXV et LXXVI. On remarque la chapelle dite des Princes, qui est de *Michel Ange*, et qui fait pendant à la sacristie que fit construire *Brunelleschi*.

Santo Miniato hors des murs.

Cette église est divisée en trois nefs, selon la disposition des basiliques antiques : on en trouve une vue perspective sur la planche LXVII. Une portion de ce plan indique la chapelle souterraine.

Eglise des Anges.

Ce petit temple, intérieurement de forme octogone, est situé dans le jardin du monastère des Anges, de l'ordre des Camaldules. Il n'est élevé que jusqu'à l'entablement au-dessus des arcs des chapelles, et il n'a pas été terminé. On voit dans le couvent des moines le dessin original de *Brunelleschi*. Au-dessus de l'entablement, il établissoit un attique, sur lequel devoit reposer une coupole hémisphérique.

PLANCHE LXXXV.

Plan et vue intérieure de la loge des Lances, sur la place du Grand-Duc.

Ce monument, après avoir été l'objet d'un concours public, fut construit en 1356, d'après les dessins et sous la conduite d'*Andrea Cione Orgagna*, peintre, sculpteur et architecte florentin.

C'étoit sur la place, devant cette loge, que le peuple s'assembloit pour nommer ses magistrats et ses généraux ; c'étoit aussi là que l'on publioit les décrets et les actes du gouvernement ; de sorte que l'on pouvoit considérer ce monument comme les *rostra* de la république.

Après s'être emparés de l'autorité souveraine, les Medici placèrent dans cet endroit une garde suisse ; ce qui fit substituer au nom de *logia de' Signori*, celui de *logia de' Lanzi* (des Lances), sous lequel on la désigne aujourd'hui.

Suivant *Vasari*, ce fut le premier monument, depuis la renaissance des arts, où l'on employa des arcs en plein cintre. Ce n'est que postérieurement à sa construction qu'elle fut décorée de statues. On y remarque la Judith en bronze de *Donatello*, dont on voit le détail sur la planche LXXIV ; le Persée de *Benvenuto Cellini*, et le groupe représentant l'enlèvement d'une Sabine, de *Jean de Bologne*.

Dans ces derniers temps, le grand-duc Léopold 1ᵉʳ y fit placer six statues de marbre

PLAN DE LA LOGE DES LANCES.

Pl. 86.

LIBERTAS

ARCHITECTVRE.
TOSCANE.
XVIᵉ. CAHIER.

Pl. 8.

PLAN D'UN PALAIS SUR LA ROUTE DE FLORENCE A SIENNE.

PLAN D'UN PALAIS A SIENNE.

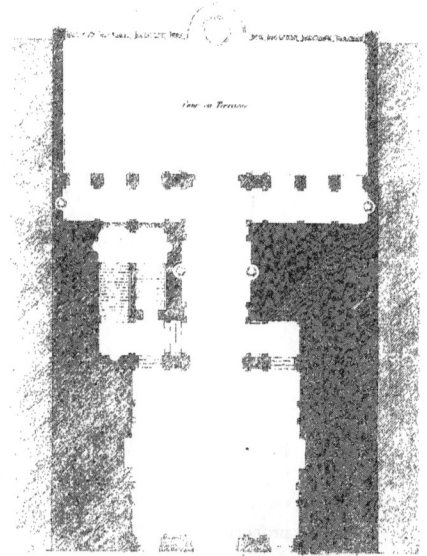

et deux lions, qui étoient à Rome à la Villa Medici. A travers les arcs de cette loge, on voit le vieux palais, et une portion du palais des Offices.

PLANCHE LXXXVI.

Frontispice du quinzième cahier.

La fontaine que l'on voit dans le fond, exécutée en bronze, est surmontée d'une statue de Vénus, qui presse ses cheveux : elle est dans les jardins de la Villa di Petraia, maison de plaisance des anciens Grands-Ducs de Toscane, près de Florence.

Sur le second plan, on voit le fragment d'un des deux bancs qui sont sous la loge des nobles à Sienne : ils sont exécutés en marbre, et décorés de statues en bas-reliefs des grands hommes de la république. Chaque banc comprend cinq bas-reliefs dans sa longueur.

On a réuni sur le devant divers fragments. Celui qui présente des pilastres et des couronnes, décore la face postérieure des bancs dont nous venons de parler ; la louve en bronze est celle qui se voit sur la place devant la cathédrale de la ville de Sienne, dont elle est le symbole.

PLANCHE LXXXVII.

Plan d'un palais à Castiglioncello, sur la route de Florence à Sienne.

Il est situé entre deux places, et isolé de trois côtés ; ce qui lui procure deux entrées pour les voitures. Les portes de la principale façade sont décorées de colonnes qui supportent des balcons ; le vestibule est vaste et ajusté avec goût ; l'escalier, bien placé, est d'un bel effet ; la cour, située entre deux portiques qu'elle éclaire, est d'une agréable proportion, et l'on remarque déjà dans ce plan la disposition qui caractérise les palais de Sienne. Dans ceux-ci, les vestibules occupent une place importante ; les cours ne sont pas grandes, et les portiques y deviennent plus rares : ce que l'on peut attribuer à la situation de la ville de Sienne. Construite sur le sommet d'une montagne au milieu de charmantes collines, elle les domine, et semble s'élever sur le cratère d'un volcan. Comme l'air y circule facilement, on y sent moins que dans les autres villes de l'Italie la nécessité de donner aux habitations de vastes cours. Du reste, la recherche et le goût président toujours à leur distribution ; et leurs vestibules présentent beaucoup de variété, comme on peut remarquer dans les plans gravés sur cette planche et sur la planche XCIII. Le petit palais de Sienne est d'une charmante disposition ; la cour en terrasse qui le termine, se rencontre souvent dans la même ville. Ces cours dominent, pour l'ordinaire, des jardins pratiqués sur le rampant de la montagne, ce qui contribue à donner à la ville un aspect riant et pittoresque.

PLANCHE LXXXVIII.

Elévation géométrale d'une chapelle à l'entrée de Sienne, près de la porte de Florence.

Cette chapelle s'appuie sur la face latérale de l'église della Maggione, et fut construite vers la fin du quinzième siècle, d'après les dessins de *Francesco di Giorgio*, architecte et sculpteur siennois. Ce fut le premier architecte qui, par ses écrits et plus encore par ses nombreux travaux, assigna des règles à l'architecture, et la fit sortir de la barbarie où elle étoit restée dans cette contrée, malgré les efforts que les *Giovanni da Pisa*, les *Agostino* et les *Agnolo* avoient déja faits pour l'en tirer.

La proportion de cette façade est très agréable : elle porte le caractère des petits temples antiques, et des tombeaux que l'on voit près de Rome, sur l'ancienne voie Appia ; elle leur ressemble aussi par sa construction, toute en brique et en terre cuite.

La frise, composée de griffons et d'arabesques, est imitée du temple d'Antonin et Faustine à Rome. Le même artiste l'a répétée sur la façade de la chapelle qui est au bas de la tour du palais del Publico, sur la grande place de Sienne.

Les croissants que l'on remarque entre les modillons de la corniche, ne laissent pas de doute que ce ne soit la famille Piccolomini qui ait fait construire ce petit monument. Les détails sont d'une belle exécution, et font connoître que *Francesco di Giorgio* avoit étudié avec fruit les monuments antiques.

PLANCHE LXXXIX.

Elévation géométrale du palais Piccolomini, à Sienne.

Ce palais, situé dans la grande rue de Sienne et isolé de trois côtés, fut construit, dans les premières années du seizième siècle, par Giacomo Piccolomini, frère du pape Pie III et neveu du pape Pie II, comme l'indique l'inscription qui est gravée sur l'archivolte de la porte principale : *Jac. Pic. de Castro Aragonaque, Pii II nep. III que pont. frater.* Sous l'une des armoiries qui décorent la même façade, on lit : *Pius papa II ;* et sous l'autre : *Pius papa III.* En 1681, les pères jésuites, directeurs du collége Tolommei, situé dans le voisinage de ce palais, en firent l'acquisition, et y transportèrent le collége. Depuis cette époque, il a pris le nom de collége Tolommei.

La façade est construite toute en pierre de Travertino. Le stylobate qui sert d'empâtement à l'édifice, s'élève sur trois marches ; il est interrompu entre les croisées par trois autres marches, qui servent d'amphithéâtre pour la course des chevaux. La grande corniche du couronnement est d'un juste rapport avec sa hauteur : dans son ensemble, ce palais est d'un aspect grandiose, et peut être considéré comme un des plus beaux de la Toscane.

On en attribue la construction à *Francesco di Giorgio*, dont nous avons parlé dans l'explication de la planche précédente. On reconnoît en effet son style dans tous les

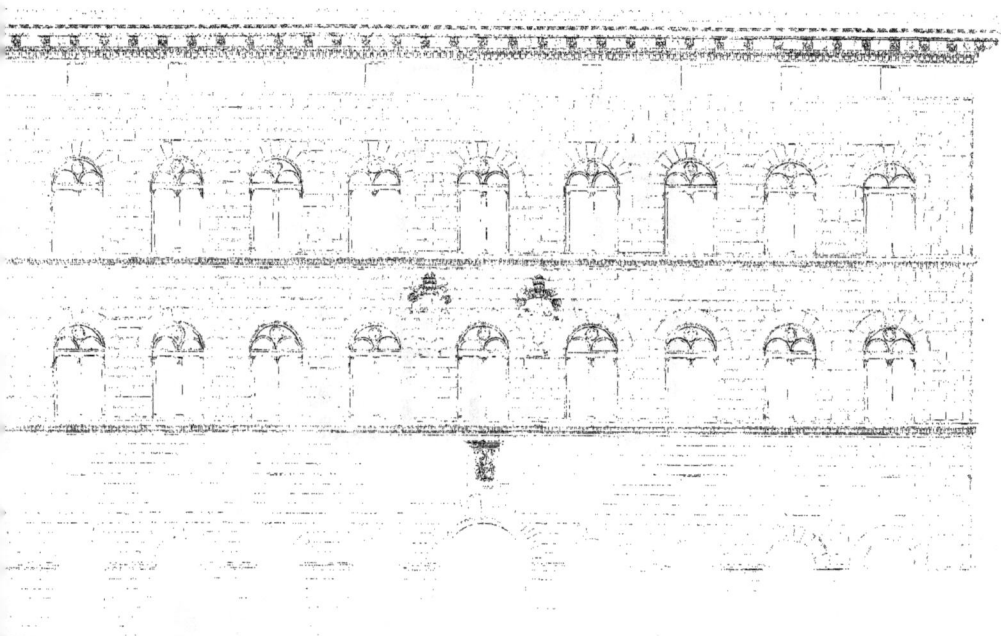

Corniche de Couronnement

Appui des Croisées du 1er Étage

Échelle du Détail.

Échelle du Plan.

Plan du Palais Picolomini

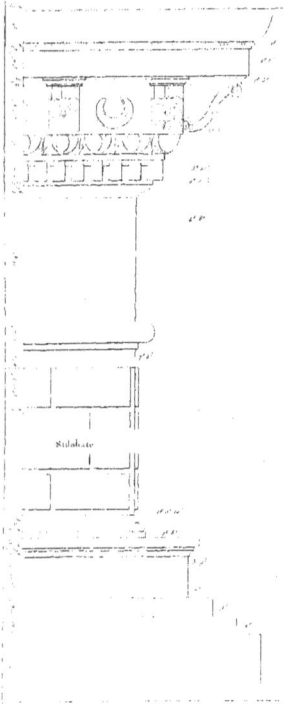

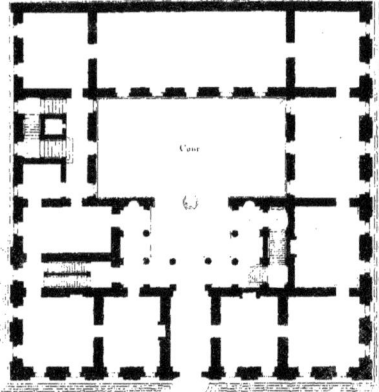

Cour

Détails de l'intérieur de la Cour

Stilobate

Corniche supérieure   Chapiteau des Colonnes   Corniche intérieure

Appui des Croisées du 2e Étage

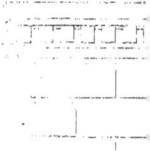

Chambranle de la Porte

Pl. 92

ARCHI^{te} TOSCANE

XVIe CAHIER

détails. Cet architecte fut constamment employé par Pie II, qui lui fit faire tous les dessins de la ville qu'il fit construire à Pienza : le palais principal de cette ville, que Gobelin Persone, secrétaire de Pie II, a décrit dans les commentaires de la vie de ce pape, paroît ressembler beaucoup à celui dont il est ici question.

PLANCHE XC.

Plan et détails du même palais.

Ce plan est d'une agréable disposition ; la cour est, pour ainsi dire, divisée en deux parties.

La partie attenante au vestibule est entourée de trois portiques, qui servent à dégager les appartements. La grande salle, au fond de la cour, est destinée aux exercices spirituels, et forme la chapelle ordinaire du collége. On y voit une belle collection de portraits de tous les hommes illustres qui sont sortis de cette université.

Les détails de la façade sont d'un beau caractère ; l'exécution est de la plus grande pureté. on trouve, entre les modillons de la grande corniche, le même ajustement de croissants que nous avons vu sur la chapelle gravée à la planche LXXXVIII. Les détails intérieurs ont beaucoup d'analogie avec ceux de la loge que le pape Pie II fit construire pour sa famille, près du même palais, par *Francesco di Giorgio*.

PLANCHE XCI.

Vue intérieure de la cour du même palais.

Cette vue est prise de dessous le portique, en face du grand escalier. Les colonnes et les pilastres sont en bleu turquin, les chapiteaux et les bases en marbre blanc, ainsi que les corniches et les chambranles des croisées.

Les portiques sont ornés de statues antiques; et il reste encore assez de vestiges des peintures qui décoroient les voûtes, pour que l'on puisse en présenter ici la restauration. A l'instar des palais florentins, il sort du centre de la cour un grand jet d'eau.

PLANCHE XCII.

Frontispice du seizième cahier.

La fontaine qui entre dans cette composition est située sur la place del Campo, en face du palais public, à Sienne : elle fut commencée en 1334, sous la direction de *Giacomo Vanni di Ugolino*, architecte siennois, qui la termina en 1342. Les sculptures furent exécutées, en 1418, par *Giacomo della Quercia;* et la beauté de ses travaux fit donner à l'artiste le surnom *della Fonte*. Il exécuta aussi le bénitier que l'on voit à gauche sur le premier plan; il vient de la cathédrale, ainsi que la colonne décorée d'arabesques, que l'on voit derrière le fragment de banc en marbre blanc, qui

est à droite. Il y a deux bancs semblables sous la loge du pape Pie II, que nous
donnons planche XCV : pour faire connoître les chapiteaux variés des pilastres qui
les décorent, nous les présentons dans le fond, supportant une treille, comme on en
voit beaucoup en Italie.

PLANCHE XCIII.

Plan du palais Sergardi, à Sienne.

Ce palais fut construit vers le commencement du quinzième siècle, par les soins
d'Achille Sergardi, noble siennois. Sa disposition présente beaucoup d'intérêt. Le vestibule est vaste et bien éclairé, l'escalier bien placé ; la fontaine en face décore agréablement cette partie. La première cour, un peu petite, n'éclaire que des pièces secon-
daires ; les grands appartements sont éclairés sur la rue, et sur une cour en terrasse,
laquelle domine les jardins, où l'on descend par un escalier demi-circulaire. En 1780,
Paolo Posi, architecte siennois, chargé de la restauration de ce palais, construisit,
aux deux côtés de la seconde cour, deux galeries formant des serres chaudes, à la
suite des appartements qu'il décora avec goût. Le propriétaire de ce palais possède
une belle collection d'estampes, qu'il s'empresse de faire voir aux étrangers.

Plan du palais Bianchi, à Sienne.

Il fut construit par les comtes d'Elci, et il a passé depuis à la noble famille de
Bianchi, à qui il appartient aujourd'hui. Son vestibule est ouvert sur la rue par trois
grands arcs. Le peuple se retire la nuit sous ces vastes vestibules, qui lui servent d'asile.
A droite, sous le passage qui conduit dans la cour, en face de l'escalier, on a disposé
une jolie chapelle, décorée de peintures. A côté de l'escalier, on communique, par un
autre passage, sous les portiques qui entourent la cour. Au fond se trouve une salle
fraîche, dont la voûte, ornée d'arabesques, supporte un réservoir. Celui-ci fournit
l'eau à la fontaine qui décore la cour, et qui la distribue dans l'intérieur du palais.

PLANCHE XCIV.

Façade du palais Spannocchi.

Ambrogio di Nanni Spannocchi fit construire ce palais en 1472, d'après les dessins
de *Francesco di Giorgio*. Exécuté tout en pierre de tuffo, ou pierre composée, il est
d'une belle proportion, et le rapport de ses étages, divisés par des corniches peu saillantes, est agréable. Les bossages sont peu prononcés ; la corniche qui couronne l'édifice, est d'un grand caractère ; les têtes placées entre les consoles qui la supportent,
sont en terre cuite et très saillantes. Tous les détails de cette façade sont purement
exécutés, et ont beaucoup de ressemblance avec ceux du palais Piccolomini.

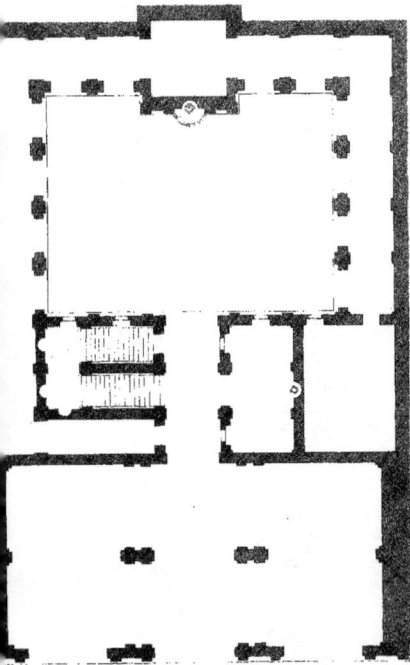

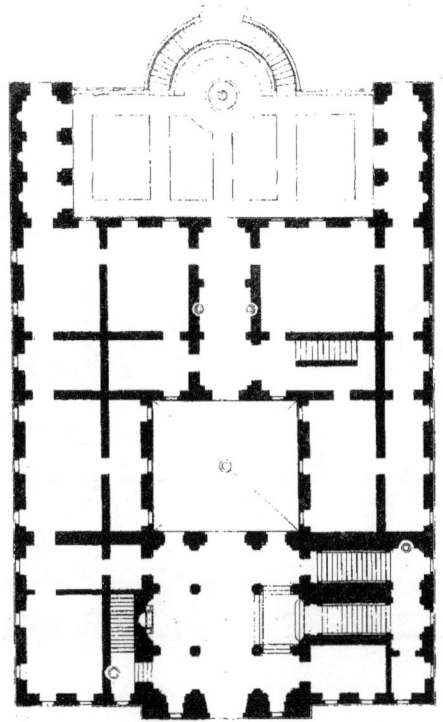

Pl. 94

PALAIS SPANNOCCHI A SIENNE

Pl. 93

FAÇADE GÉOMÉTRALE DE LA LOGE DU PAPE, A SIENNE.

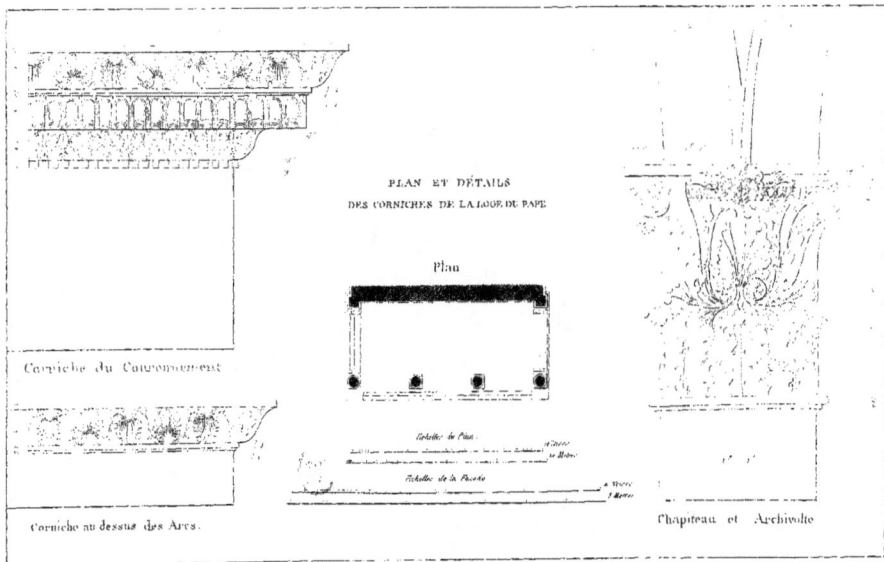

PLAN ET DÉTAILS
DES CORNICHES DE LA LOGE DU PAPE

Plan

Corniche du Couronnement

Corniche au dessus des Arcs.

Chapiteau et Archivolte

FACADE D'UNE MAISON, RUE DEL CORSO, A SIENNE.

PLANCHE XCV.

Façade, plan et détails de la loge du pape à Sienne.

Elle est ainsi appelée, parcequ'elle fut construite par le pape Pie II. *Francesco di Giorgio,* qui en fut l'architecte, la commença en 1460. Elle est isolée sur trois faces, et ouverte par cinq arcades, soutenues par des colonnes : les deux bancs en marbre blanc, dont nous avons donné des détails aux planches LXXXVI et XCII, la ferment aux deux extrémités. Ce petit monument, autrefois décoré de peintures dont on aperçoit encore quelques vestiges, a été construit avec un grand soin. Les colonnes, les corniches et les archivoltes, sont en marbre : toute la sculpture est du même *Francesco di Giorgio.*

Ces sortes de loges sont communes dans la Toscane. Les nobles en faisoient construire près de leurs palais, et s'y rassembloient pour discuter sur les affaires de la république, et plus encore sur les sciences et les arts. Celle-ci fut consacrée par Pie II à l'usage de sa famille, comme l'indique l'inscription qui est dans la frise ; elle est aujourd'hui destinée au tirage de la loterie.

PLANCHE XCVI.

Façade d'une maison à Sienne.

Cette maison, bâtie en briques et en terre cuite, donne une idée de l'économie que l'on pourroit apporter dans les constructions, sans nuire à l'élégance de l'architecture. Un pareil genre de bâtisse, par lui-même peu coûteux, permet d'apporter plus de richesse dans les formes et dans les détails ; ce que les architectes ne peuvent guère faire lorsqu'ils emploient des matériaux aussi dispendieux que la pierre. Cette petite maison est une des premières productions de *Francesco di Giorgio,* qui la construisit vers 1460 pour Carlo Bartali, en même temps que la petite chapelle gravée à la planche LXXXVIII. Après plus de trois cents ans de durée, elle est encore aujourd'hui parfaitement conservée, et porte un caractère original qui peut donner l'idée des habitations des anciens Etrusques. Nous avons dans la lanterne de Démosthènes, placée dans les jardins de Saint-Cloud, et exécutée dans la belle manufacture de MM. Trabuchi, un exemple de ce que nous pourrions faire dans ce genre, qui a été employé avec tant de succès dans plusieurs monuments de l'Italie, notamment dans la façade du grand hôpital de Milan. Aidés de ces moyens, que tant d'habiles artistes n'ont pas dédaignés, les architectes pourroient se livrer davantage à leur imagination.

PLANCHE XCVII.

Vue intérieure de la sacristie de la cathédrale de Sienne.

Pie II, qui fit construire cette salle vers l'an 1450, la destina à servir de bibliothèque.

Une partie des livres qu'elle renfermoit ayant été transportée en Espagne, on changea sa destination, et on en fit une sacristie.

Elle est entourée d'un beau compartiment de menuiserie, qui s'élève jusqu'à la hauteur de 9 pieds; au-dessus, elle est décorée de douze arcades, soutenues par des pieds-droits couverts de peintures arabesques.

Dans le fond de ces arcades, le *Pinturicchio* a retracé, dans dix grandes fresques qu'il exécuta d'après les cartons de *Raphaël*, les faits mémorables de la vie d'Æneas Sylvius, qui devint pape sous le nom de Pie II. Les deux autres arcs, placés à l'un des bouts de cette salle, sont percés de croisées qui éclairent cette pièce. La voûte est couverte de peintures arabesques, exécutées sur des tons entiers, jaunes, bleus et rouges. Au centre du plafond, sont les armes du cardinal Francesco Piccolomini, lequel fit exécuter toutes ces peintures, qui sont encore de la plus belle conservation. Cette salle renferme une riche collection de livres ornés de belles miniatures, exécutées dans le quinzième siècle par *Benedetto da Matera*, moine du Mont-Cassin: on y voit aussi le groupe des trois Graces, que le même cardinal fit enlever de l'intérieur de l'église, où il étoit autrefois. On a placé sur le devant la décoration d'une des arcades, qui divise la cathédrale en trois nefs. Les ornements qui la décorent, sont exécutés en mosaïque, et les bustes des papes, placés entre les consoles qui supportent la corniche, sont en terre cuite coloriée et dorée.

PLANCHE XCVIII.

Frontispice du dix-septième cahier.

Les fragments étrusques qui le composent, viennent de Volterra, et appartiennent en partie au musée Guarnaccio.

On y remarque un bas-relief, où l'on voit Ulysse se faisant attacher au mât de son vaisseau lorsqu'il passoit devant l'île des Sirènes; celles-ci sont représentées par trois figures de femmes, assises sur des rochers et jouant de divers instruments. Au-dessus de ce bas-relief, est une figure couchée sur un tombeau, tenant un vase et une patère: on trouve à Volterra beaucoup de figures semblables. Dans la frise qui sert de couronnement, on a rassemblé les vases et autres accessoires, que ces figures tiennent ordinairement dans leurs mains. Tous ces fragments sont en terre cuite, et d'une assez belle exécution.

PLANCHE XCIX.

Façade de la fontaine Branda, à Sienne.

La situation de la ville de Sienne sur une assez haute montagne isolée de toutes parts, a dû occasionner de fortes dépenses et des travaux infinis pour y faire arriver l'eau, qui y vient par des conduits et des réservoirs souterrains, de plusieurs milles de longueur, et qui sont souvent à plus de 45 pieds de profondeur. Ces conduits, construits

Pl. 98.

FAÇADE DE LA FONTAINE BRANDA, A SIENNE.

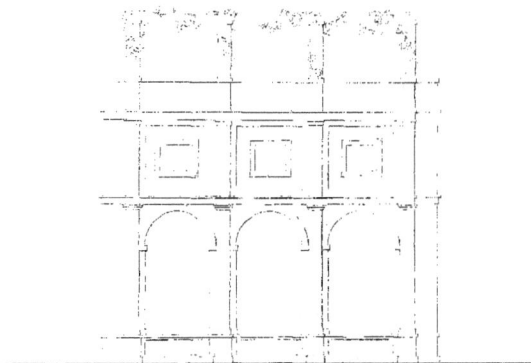

FAÇADE D'UNE MAISON, RUE DEL CORSO, A SIENNE.

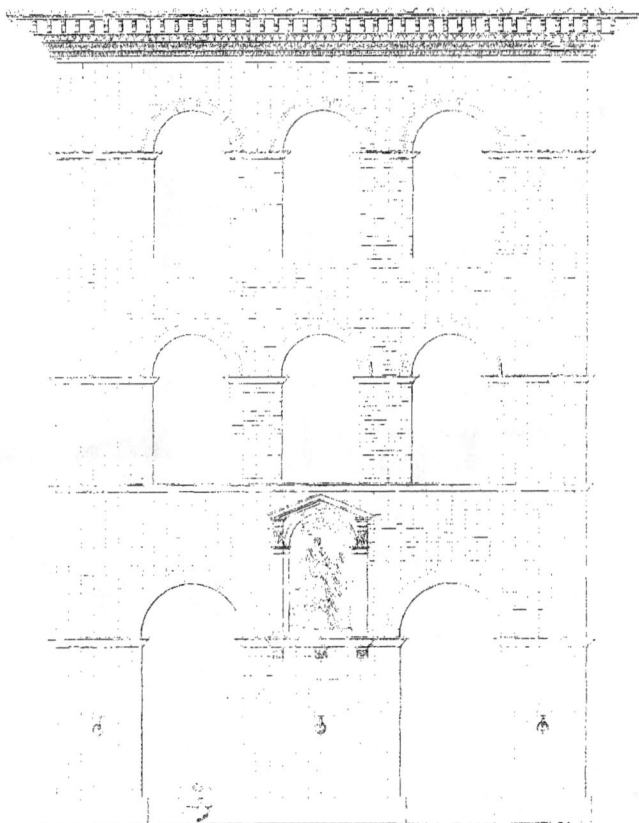

Échelle de la Maison

Échelle de la Fontaine

PLAN DE L'ÉGLISE
DE L'ABBAYE, A AREZZO

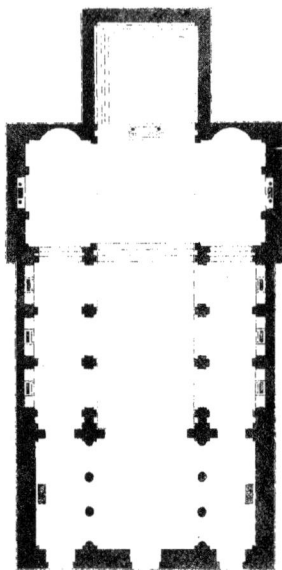

PLAN D'UN HOPITAL, A AREZZO

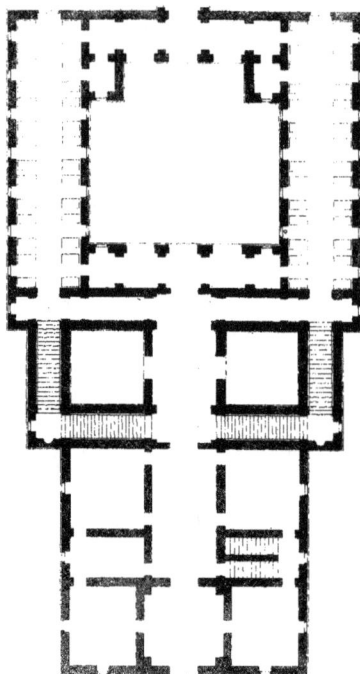

PLAN DE L'ÉGLISE
DE L'ANNONCIATION A AREZZO

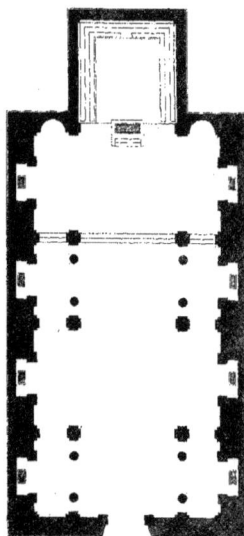

en pierre, sont de la hauteur d'un homme. Ils reçoivent toutes les eaux qui filtrent à travers les terres, et les dirigent vers la fontaine Branda, où elles arrivent épurées, après avoir passé dans de vastes réservoirs. De là, elles se distribuent dans les autres fontaines, et dans les puits et citernes de la ville.

La façade que nous donnons, n'est pas la principale : elle est moderne, et elle décore une des extrémités du grand lavoir que forme la fontaine, ouverte sur la place par trois arcs en ogives à double renfoncement. La voûte de ce lavoir supporte un beau jardin qui est pratiqué au-dessus. Ces constructions, comme en fait mention l'inscription placée au-dessus de la grande vasque, furent exécutées l'an 1193 par *Bellamino*, architecte siennois. Quant à la façade que l'on présente ici, elle est disposée pour servir d'abreuvoir aux bestiaux, qui viennent se désaltérer dans les grandes vasques pratiquées entre les arcades.

Façade d'une maison située dans la rue del Corso, à Sienne.

Elle est construite toute en brique, à l'exception des socles et des corniches d'imposte des arcades, qui sont en pierre. La corniche de couronnement est en terre cuite, et l'ajustement de la Madone est en marbre blanc. Cette façade est d'une proportion gracieuse : on l'attribue à *Baldassar Peruzzi ;* et la finesse des détails, jointe au soin qui règne dans l'exécution, feroit présumer qu'il en est l'auteur.

PLANCHE C.

Plan de l'église della Pieve, à Arezzo.

Cette église, dont la fondation est très ancienne, fut restaurée par *Giorgio Vasari,* qui, profitant des constructions déja existantes, sut en faire une des plus jolies de cette ville. Elle présente beaucoup d'intérêt, par l'agréable disposition de son plan. *Vasari* reporta le chœur dans le fond de l'église, et de cette manière isola le maître-autel, qu'il décora d'un de ses tableaux. Il fit tous ces travaux à ses propres dépens, par reconnoissance des soins que les moines avoient pris de sa première éducation, et aussi parceque ses ancêtres avoient leurs tombeaux dans cette église.

Plan de l'église della Nunziata.

On attribue la restauration de cette église à *Antonio da San Gallo.* La disposition du plan est à-peu-près la même que la précédente. *San Gallo* construisit le vestibule, qui n'est séparé de l'église que par un grand arc, et le décora de quatre colonnes d'ordre dorique : sur l'entablement, qui les couronne, repose une voûte en berceau, peinte à fresque.

Plan d'un hôpital à Arezzo.

Cet établissement, situé entre deux rues, a deux entrées ; la principale est précédée de plusieurs vestibules, qui sont distribués dans une petite maison destinée au service de l'hospice. Sous l'un de ces vestibules, on trouve deux escaliers montant, de droite et de gauche, aux salles des malades. Chacune de ces salles contient vingt-huit lits, dont quatre sont destinés aux surveillants. Les salles sont réunies par deux portiques ouverts sur la cour, pour en faciliter le service. Ce plan est étudié avec soin; la disposition des escaliers est ingénieuse, et ils arrivent en face des salles, dans un corridor qui précède celles-ci. La belle disposition du plan, et le caractère de la construction de ce monument, sembleroient devoir en reporter la fondation vers la fin du quinzième siècle.

PLANCHE CI.

Plan, coupe et détails de l'église des Carmes déchaussés, près d'Arezzo.

Cette église, connue sous le nom *della Madona delle Grazie,* est située à un mille de la ville, du côté de la porte de San-Spirito. Il existoit, sur l'emplacement qu'elle occupe, une petite chapelle, fondée par Bernardino de Sienne.

Vers la fin du quinzième siècle, la commune d'Arezzo fit construire ce monument par *Benedetto da Maiano,* architecte et sculpteur florentin, qui l'éleva sur une terrasse entourée d'un parapet. Un escalier, en marbre blanc, conduit sous un portique formé de quatorze colonnes, qui précède l'église. Elle n'a qu'une seule nef, terminée par trois pans coupés. Le maître-autel est isolé, et élevé de trois marches; aux deux côtés, sont deux pièces servant de sacristie, et communiquant avec le couvent, dont les bâtiments se lient à l'église.

Sur la même planche, on voit les détails des corniches du portique. L'entablement supérieur, dont on a présenté la coupe, est en pierre grisâtre, *pietra bigia,* jusqu'à la ligne ponctuée; le reste de la corniche est en bois. Le soffite, que forme la saillie du toit, est orné, comme le plafond du portique, d'un rang de caissons décorés de rosaces sculptées et dorées en partie : les chapiteaux des colonnes sont variés de composition. Cette église est voûtée, et les côtes des cinq parties octogones, que la voûte forme dans le fond, se réunissent dans une belle rosace au-dessus du maître-autel. Elle est éclairée par sept grandes croisées, dont les vitraux sont couverts de belles peintures.

PLANCHE CII.

Façade de la même église.

Le portique de cette église, élevé sur une terrasse de 5 pieds de haut, est soutenu par des colonnes surmontées de leur entablement, sur lequel reposent les archivoltes des arcs. Les bases, les chapiteaux et les colonnes, sont en marbre, et d'un seul bloc; les archivoltes, et l'entablement qui couronne le portique, sont en pierre. La frise est décorée de guirlandes supportées par des têtes d'anges et de victimes, sculptées

Pl. 101.

COUPE DE L'ÉGLISE CI-DESSOUS.

Entablement du Couronnement du Portique.

Entablement des Impostes du Portique.

PLAN DE L'ÉGLISE DES CARMES DÉCHAUSSÉS.
PRÈS D'AREZZO.

Échelle du Plan
Échelle de la Coupe
Échelle du Détail

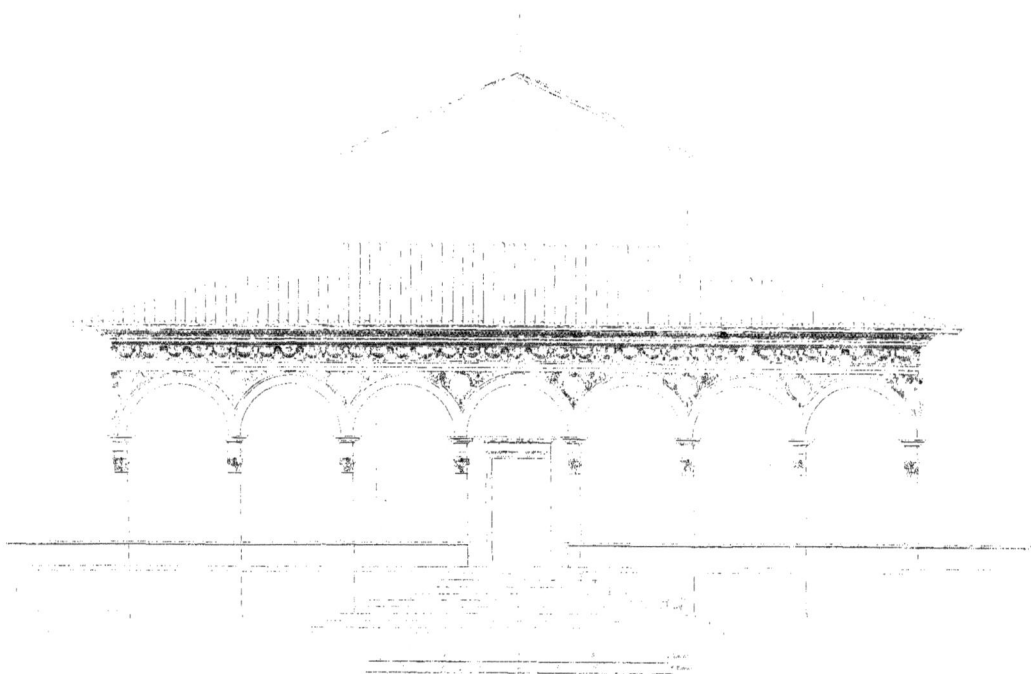

Pl. 104

ARCHITECT.
TOSCANE
XVIII.ᵉ CAHIER

dans la pierre même; les couronnes et arabesques entre les arcs, sont en terre cuite coloriée, exécutée par *Andrea della Robia*.

Benedetto, pour éviter les modillons que les architectes toscans ont employés pour soutenir la grande saillie de leurs toits, s'est servi des solives mêmes qui forment le plafond du portique.

L'ensemble de cette façade est très agréable, bien que la proportion des arcades demanderoit un peu plus d'élévation; ce qui auroit été avantageux pour celle des colonnes qui sont un peu lourdes.

L'exécution et la finesse des profils ne laissent rien à desirer; la sculpture est soignée, et d'un beau caractère.

PLANCHE CIII.

Vue perspective du palais public, sur la place de Sienne.

Aucun historien n'indique quelle époque on doit assigner à la fondation de ce palais, que le caractère de ses constructions, en briques et en pierre, semble reporter au treizième siècle; on sait seulement que la salle du conseil fut commencée, en 1327, d'après les dessins d'*Agostino* et d'*Agnolo*, architectes siennois, qui, peu après, construisirent la grande tour à l'angle du palais.

La chapelle de la Vierge, qui est au-dessous, fut commencée en 1312, démolie quatre fois, et enfin terminée en 1376, d'après les dessins de *Duccio*. Elle est construite en marbre: la frise de l'entablement est décorée de griffons et d'arabesques exécutés par *Francesco di Giorgio*. Le maître-autel et la voûte sont ornés de peintures d'*Antonio Sodoma*.

Ce palais porte un grand caractère: la masse en est imposante, et fait le plus bel ornement de la place singulière qui se trouve devant. Celle-ci est disposée en amphithéâtre demi-circulaire, et imite la forme d'une coquille, dont les côtes sont indiquées par des dalles de pierre, qui viennent se réunir, devant le palais, dans un même point, où se trouve un puisard pour l'écoulement des eaux. Treize rues aboutissent à cette place, de sorte que, de presque tous les quartiers de la ville, on aperçoit le palais du gouvernement. On y voit la fontaine que nous avons donnée sur la planche XCII, et une colonne surmontée de la louve allaitant Romulus et Rémus, symbole de la ville de Sienne.

PLANCHE CIV.

Frontispice du dix-huitième et dernier cahier.

Il est composé de divers fragments antiques tirés des musées de la Toscane, et particulièrement de celui de Guarnacci à Volterra. On voit, dans le fond, l'intérieur d'une galerie de tableaux, disposée à l'instar de celles que l'on construisit à l'époque de la renaissance des arts, dans les quinzième et seizième siècles.

PLANCHE CV.

Plan et coupe de l'église di Santa Maria del Umilta.

Ventura Andrea Vitoni di Pistoia, qui construisit cette église, étoit menuisier de profession, et fut souvent employé, en cette qualité, dans les grands travaux que le *Bramante* exécuta à Rome. Ce fut pendant le séjour qu'il fit dans cette ville qu'il s'a-donna à l'étude de l'architecture, et particulièrement à celle des monuments antiques. De retour dans sa patrie, il fut chargé, par la commune de Pistoie, de la construction du monument que nous présentons. Cette église, de forme octogone, est précédée d'un vestibule fermé. Le maître-autel est isolé, au milieu d'une chapelle qui est dans le fond; des deux côtés, sont les sacristies. *Vitoni* commença ce monument en 1509, et termina entièrement le vestibule, formé de pilastres corinthiens qui supportent une voûte en berceau, décorée de riches caissons: tous ces travaux sont exécutés en pierre. On remarque de belles fresques dans les entre-colonnements. Le même architecte continua l'édifice jusqu'au second ordre, sur lequel devoit reposer la coupole, qu'il alloit commencer lorsque la mort vint le surprendre. L'église resta long-temps découverte, aucun architecte n'ayant osé faire la voûte sur des murs affoiblis par les vides des croisées, et plus encore par les corridors pratiqués dans leur épaisseur. En 1561, *Vasari*, chargé par Côme Ier de terminer ce monument, employa toutes sortes de moyens pour le consolider. Il rétrécit les corridors, remplit les vides laissés entre les croisées de l'ordre inférieur, lia entre elles toutes les constructions par de fortes chaînes de fer, et éleva un troisième ordre, sur lequel il fit reposer la coupole, qui est en brique. Il n'y a pas de doute que ce temple eût été d'une proportion beaucoup plus agréable, si on eût suivi la première idée de *Vitoni*, et élevé la voûte sur l'entablement du second ordre. Les détails de ce monument sont purement exécutés et étudiés avec le plus grand soin. C'est une des productions les plus pures du seizième siècle, et l'édifice le plus intéressant qui soit dans la ville. Le vestibule est d'un très beau caractère.

PLANCHE CVI.

Plan de la grande place de Livourne.

Cette ville fut, pour ainsi dire, fondée de nouveau par Côme Ier, qui, en 1548, rendit son port franc. Il fit aussi tracer le plan de la nouvelle ville et des fortifications qui devoient la défendre. En 1577, François-Marie, son fils, la fit agrandir; et c'est à cette époque qu'on peut rapporter la construction de la place dont nous offrons le plan. Sa disposition est attribuée à *Alessandro Pieroni*, architecte et peintre florentin. *Bernardino Buontalenti*, qui construisit la forteresse, eut aussi beaucoup de part aux travaux de la nouvelle ville. La place est située au centre de la grande rue qui traverse la ville, et qui fut terminée en 1605 : sa forme est un parallélogramme de 740 pieds de long sur 210 pieds de large.

COUPE DE L'EGLISE DE L'UMILTA, A PISTOJA.

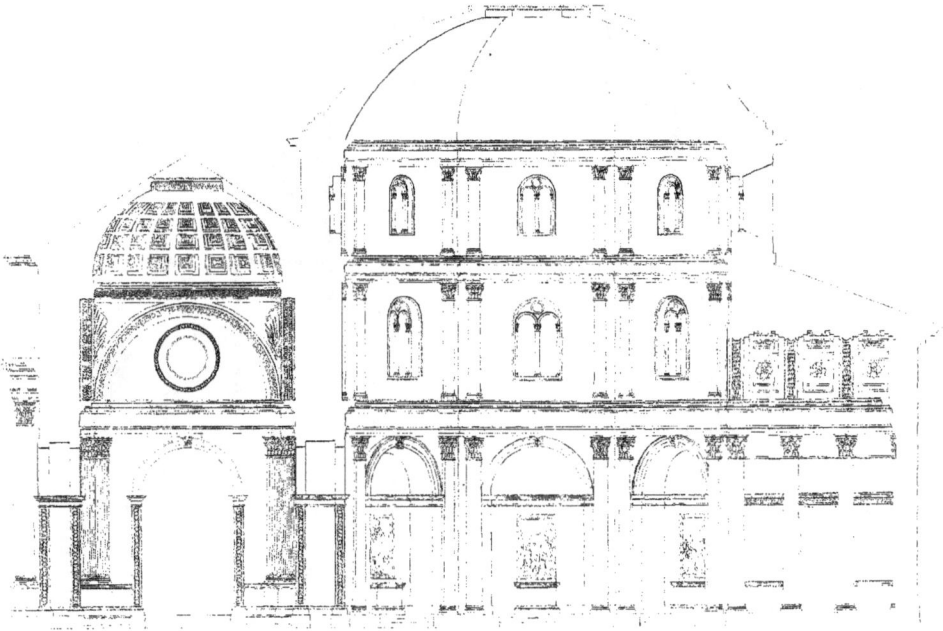

PLAN DE L'EGLISE DE L'UMILTA, A PISTOJA

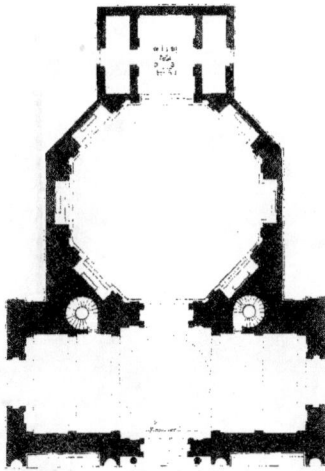

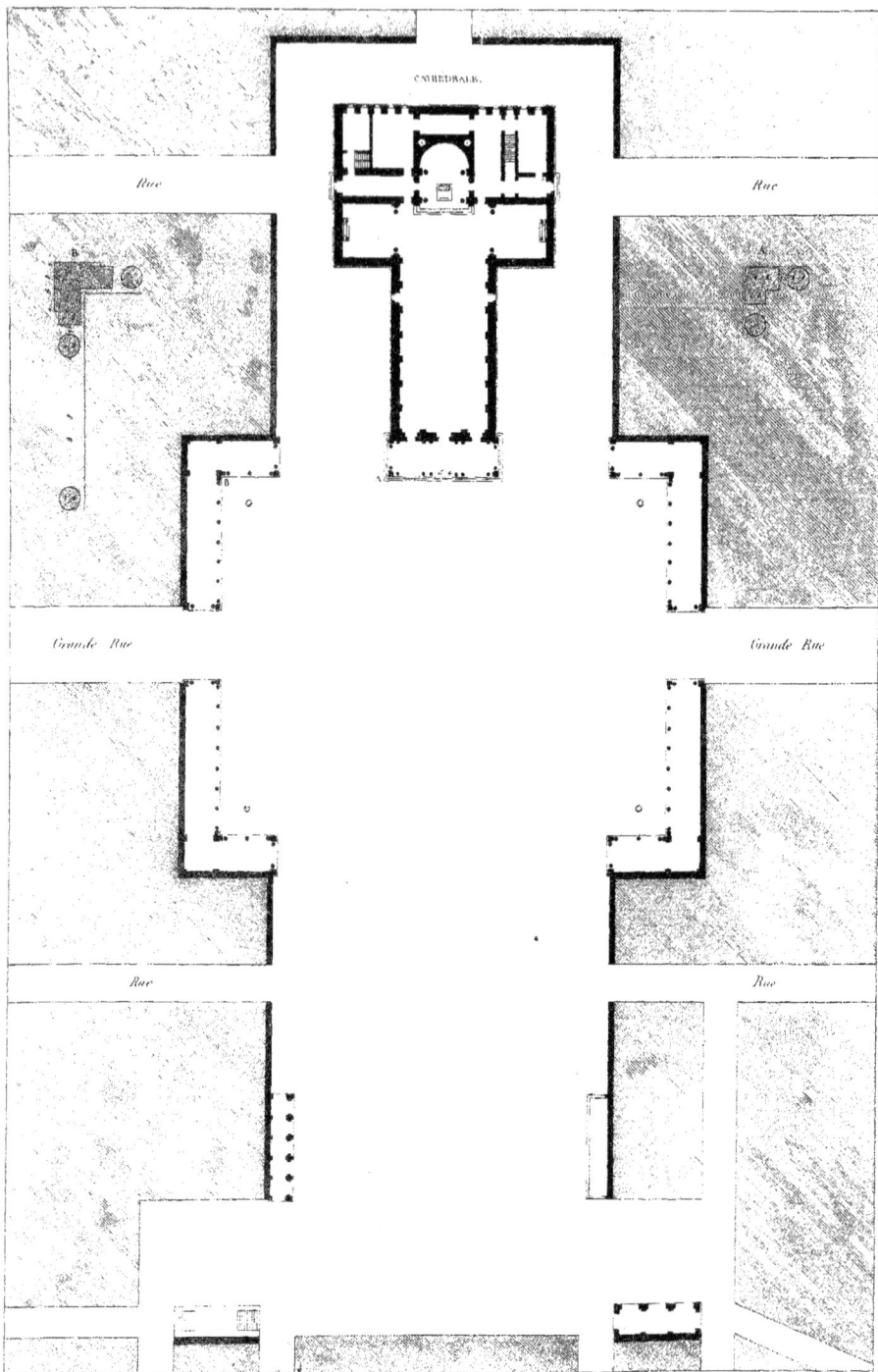

CATHEDRALE.

Rue

Rue

Grande Rue

Grande Rue

Rue

Rue

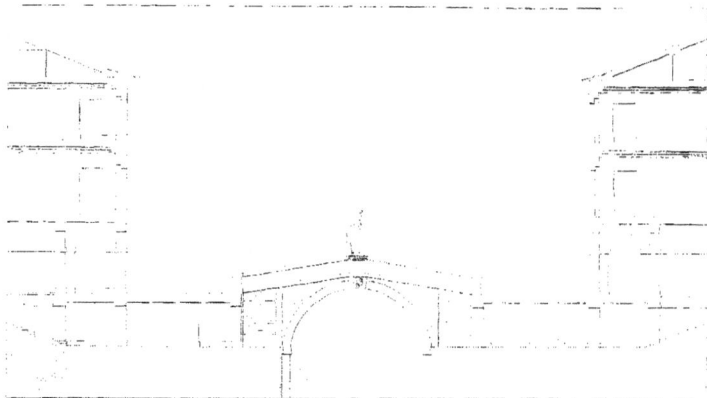

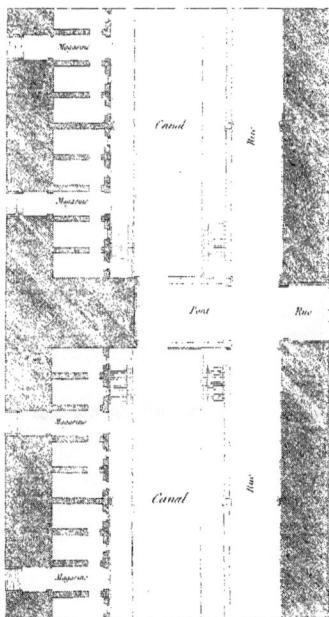

PLAN DE LA NOUVELLE VENISE

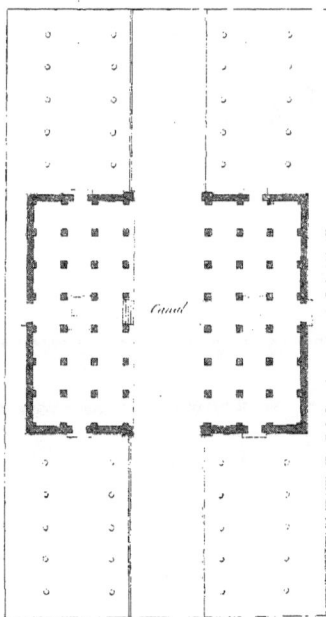

PLAN DE LA DOUANE PRÈS DE PISE.

Elevation

Coupe

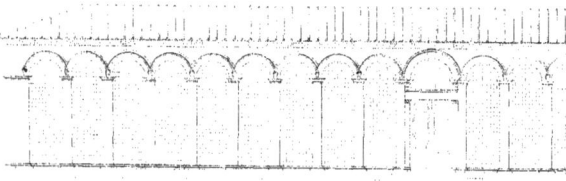

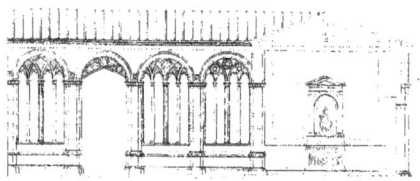

Detail du mur exterieur.

Detail du mur interieur.

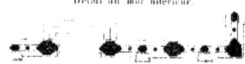

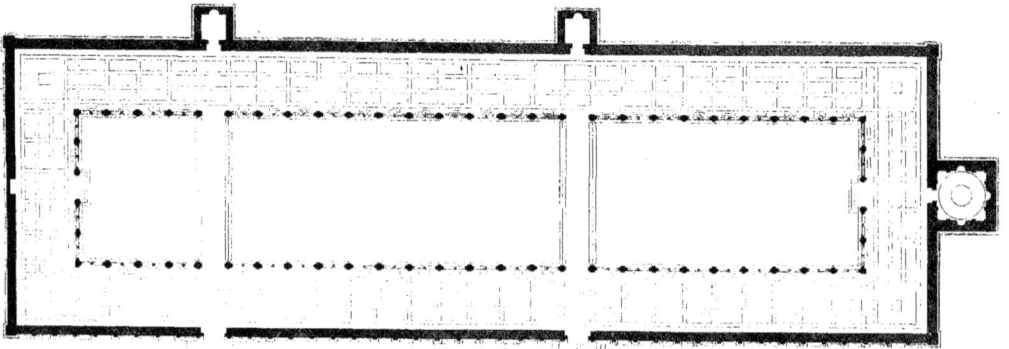

Plan

Le milieu de cette place, qui s'élargit et forme un carré, est décoré de portiques d'ordre dorique. L'église cathédrale en occupe le haut. Celle-ci est précédée d'un atrium ouvert, supporté par des colonnes d'ordre dorique : elle a la forme d'un T, et fut construite par Ferdinand Iᵉʳ, qui continua avec activité les travaux commencés par Côme et François Iᵉʳ, et en confia l'exécution à *Antonio Cantagallina,* son architecte favori. Le même artiste construisit aussi le palais Ducal, qui est également situé sur la grande place.

PLANCHE CVII.

Plan et coupe de la nouvelle Venise, à Livourne.

En 1629, Ferdinand II, animé du même zèle que ses prédécesseurs, et voulant faciliter le commerce de la ville de Livourne avec celle de Pise, chargea le chevalier *Santi,* ingénieur siennois, de la construction de cette partie de la ville que l'on appelle la petite Venise, parceque des canaux y passent au milieu des rues, qui sont disposées de manière que les chaloupes peuvent conduire les marchandises à la porte des magasins. Au-dessus de ces magasins, sont de larges trottoirs formant les rues, lesquels sont réunis par des ponts qui traversent les canaux. La coupe transversale, qui est au-dessus du plan, donne une idée de cette disposition.

Un canal de communication, qui va jusqu'à Pise, est bordé, des deux côtés, d'une belle plantation d'arbres, qui en fait une promenade très agréable. Un peu avant d'arriver à Pise, les bateaux traversent le bâtiment de la douane, dont on voit le plan sur la même planche. La disposition en est simple : aux deux côtés de la grande voûte, qui couvre le canal, sont de vastes magasins pour recevoir les marchandises, qui y restent en dépôt ; ces magasins sont supportés par des pilastres carrés. Les deux grandes portes se ferment par des herses qui montent et descendent à volonté.

Ces deux plans sont très ingénieux, et les constructions sont bien exécutées. Tous ces canaux coulent entre deux murs construits en belle pierre, et sont entretenus avec le plus grand soin.

PLANCHE CVIII.

Plan, élévation et coupe du Campo Santo, à Pise.

Ce monument, destiné à la sépulture publique, est situé à l'une des extrémités de la partie occidentale de la ville, isolé de trois côtés, et appuyé sur les murs de l'enceinte.

C'est un parallélogramme de 400 pieds de longueur sur 130 pieds de largeur, entouré intérieurement de vastes portiques, sous lesquels sont placés des tombeaux antiques et modernes, ornés de sculptures et de bas-reliefs. Les murs intérieurs sont décorés de peintures à fresque, exécutées par les maîtres les plus habiles de l'époque de la renaissance de l'art, dans le quatorzième siècle.

Ce superbe monument fut construit à l'instigation de l'archevêque Visconti, pour y déposer la terre sainte que les chevaliers pisans rapportèrent de Jérusalem, à leur retour des croisades. Il fut commencé en 1218, et terminé en 1283, d'après les dessins et sous la direction de *Giovanni da Pisa,* l'architecte le plus habile de son temps. L'édifice offre, dans son style, un mélange des architectures lombarde et gothique, et il porte un caractère tout-à-fait religieux. Il est construit en marbre blanc et noir, tiré des montagnes de Pise, et il est couvert en lames de plomb. L'exécution en est très soignée : la beauté des matériaux qu'on y a employés, présente un aspect de magnificence qu'on rencontre rarement, même en Italie.

En 1464, l'archevêque Filippo Medici fit construire la chapelle principale à l'une des extrémités de l'édifice. Elle est disposée à l'imitation de la chapelle des Medici dans l'église de San-Lorenzo, à Florence, et décorée de belles peintures.

PLANCHE CIX et dernière.

Vue perspective de l'intérieur du Campo Santo, à Pise.

Elle est prise, à l'extrémité de cet édifice, sous le portique qui est en face de la chapelle principale. Sur le devant, on voit quelques uns des tombeaux antiques qui ornent le pourtour intérieur des portiques, et qui sont placés au-dessous des croisées. L'aspect de ce monument, qui forme pour ainsi dire un musée, est d'un grand caractère, et les premiers pas de la peinture, à sa renaissance, y sont marqués par les vastes compositions qui en décorent les murs.

Ces fresques ont été publiées, en 1802, par Carlo Lasinio, conservateur du monument. On découvre, au-dessus des arcades des portiques, l'église cathédrale, ainsi que la tour penchée. Ces monuments sont également exécutés en marbre blanc et noir.

FIN.

TABLE CHRONOLOGIQUE

DES ARCHITECTES

MENTIONNÉS

DANS CET OUVRAGE;

Avec la date de leur naissance et de leur mort, leurs noms et pré-
noms, leur patrie, et le numéro des planches où leurs ouvrages
se trouvent gravés.

NÉS.	MORTS.	NOMS et PRÉNOMS.	PATRIE.	NUMÉRO DES PLANCHES.
Florissoit en 1180.		Bellamino.	Sienne.	99.
1232.	1300.	Arnolfo di Lapo.	Florence.	77, 84.
	1263.	Lapo ou Jacopo.	Florence.	31.
1276.	1336.	Giotto.	Vespignano, près Flor.	84.
	1320.	Giovanni da Pisa.	Pise.	108, 109
Floris. en 1280.		Fra Sisto et fra Ristoro.	Campi.	84.
Floris. en 1282.		Duccio.	Sienne.	103.
Floris. en 1350.		Fra Giovanni.	Florence.	84.
1329.	1389.	Andrea Orgagna.	Florence.	31, 81, 85.
1383.	1466.	Donatello.	Florence.	12.
Floris. en 1330.		Giacomo de Vanni.	Sienne.	92.
Floris. en 1330.		Agostino et Agnolo.	Sienne.	103.
1432.	1488.	Andrea Verocchio.	Florence.	32.
1377.	1444	Filippo Brunelleschi.	Florence.	2, 3, 4, 7, 11, 12, 13, 29, 66, 69, 70, 71, 72, 75, 76, 83, 84.
1378.	1455.	Lorenzo Ghiberti.	Florence.	62.
1388.	1450.	Luca della Robbia.	Florence,.	12.
1398.		Léon Batista Alberti.	Florence.	21, 22, 65, 66, 84.
Floris. en 1450.		Luca Fancelli.	Florence.	2, 66.
Floris. en 1418.		Giacomo della Quercia.	Sienne.	92
1443.	1517.	Giuliano da San Gallo.	Florence.	37, 50, 51, 52, 53, 54, 55, 65, 77, 78.
1444.	1498.	Benedetto da Maiano.	Maiano.	15, 16, 38, 101, 102.
1444.	1528.	Andrea della Robbia.	Florence.	9, 83.
1454.	1509.	Simone Pollajolo, d^{te} il Cronaca.	Florence.	15, 16, 17, 18, 37, 66, 75
Floris. en 1460.		Benedetto da Matera.	Matera.	97.
Floris. en 1460.		Michelozzo Michelozzi.	Florence.	39, 40, 41, 42, 43.
1454.	1513.	Bernardino Pinturicchio.	Perugia.	97.
1460.	1529.	Andrea Contucci.	Monte San Sovino.	44, 75.
1460.	1543.	Baccio d'Agnolo.	Florence.	27, 37, 63, 64.
1470.	1546.	Antonio da San Gallo.	Mugello, près Florence.	66, 100.
1474.	1564.	Michel Angelo Buonarroti. . . .	Caprèse, près d'Arezzo.	1, 37, 40, 84.

NÉS.	MORTS.	NOMS ᴇᴛ PRÉNOMS.	PATRIE.	NUMÉRO DES PLANCHES.
Florissoit en 1480.		Francesco di Giorgio........	Sienne.............	88, 89, 90, 91, 94, 95, 96, 103.
1481.	1536.	Baldassare Peruzzi...........	Accaiano, près Sienne..	99.
1481.	1551.	Bastiano Aristotile..........	Florence............	33, 34, 35, 36.
Floris. en 1485.		Desiderio da Settignano......	Settignano, près Flor..	9, 10.
1483.	1520.	Raffaello Sanzio............	Urbino.............	33, 34, 35, 36, 97.
1487.	1559.	Baccio Bandinelli...........	Florence............	1, 37.
1500.	1550.	Nicolo, detto il Tribolo......	Florence............	2.
1511.	1592.	Bartolomeo Ammanati........	Florence............	1, 2, 3, 4, 5, 30, 37, 75.
Floris. en 1490.		Nicolo Grosso, detto il Caparra.	Florence............	19.
Floris. en 1510.		Andrea Ventura Vitoni........	Pistoia.............	105.
1512.	1574.	Giorgio Vasari.............	Arezzo.............	8, 37, 77, 83, 84, 100, 105.
1518.	1580.	Andrea Palladio............	Vicence, état de Venise.	46, 47.
1533.		Gio Antonio Dosio..........	Florence............	25, 45, 66.
Floris. en 1530.		Francesco Aristotile..........	Florence............	33, 34, 35, 36.
1500.	1572.	Benvenuto Cellini...........	Florence............	74.
1536.	1608.	Bernardo Buontalenti........	Florence............	2, 57, 106.
Floris. en 1548.		Bernardo Tasso.............	Florence............	57.
1552.	1616.	Vincenzo Scamozzi..........	Venise.............	58.
1559.	1613.	Lodovico Cardi, detto Cigoli...	Cigoli en Toscane.....	58, 59.
1562.	1612.	Gio Caccini................	Florence............	66, 76.
Floris. en 1570.		Francesco Ferrucci..........	Fiesole, près Florence..	19.
Floris. en 1570.		Marco Marchetti............	Faenza.............	20, 32
1579.	1675.	Gherardo Silvani...........	Florence............	65.
	1590.	Giulio Parigi..............	Florence............	2.
Floris. en 1630.		Le chevalier Santi..........	Sienne.............	106, 107.
	1640.	Pietro Tacca..............	Carrare............	57, 66.
	1649.	Matteo Nigetti.............	Florence............	65.
	1656.	Alfonso Parigi.............	Florence............	2, 4, 75, 77
1600.		Remigio Cantagallina	Florence............	106.
1646.	1713.	Carlo Andrea Marcellini......	Florence............	73.
1652.		Gio Batista Foggini.........	Florence............	39.
1708.	1776.	Paolo Posi................	Sienne.............	93.
	Vivant.	Giuseppe Manetti...........	Florence............	60.
	Vivant.	Giuseppe Salvetti...........	Florence............	83.

FIN DE LA TABLE CHRONOLOGIQUE.

TABLE DES PLANCHES

CONTENUES

DANS CET OUVRAGE.

TABLE DES PLANCHES.

Rapport des mesures étrangères avec le pied françois.

	pied.	pouces.	lignes
Le bras florentin a.	1	9	6
La palme romaine.		8	2
La palme de Naples.		9	9
Le pied de Milan est de deux sortes. { Le grand.	1	10	
{ Le petit.	1	2	8
Le pied anglois.		11	3
Le pied du Rhin, fort en usage dans les pays du Nord.		11	7
Celui de Vienne.		11	8
Celui de Dantzick.		10	7
Celui de Suède.		12	9
Celui de Danemarck.		10	0

---

www.ingramcontent.com/pod-product-compliance
Lightning Source LLC
Chambersburg PA
CBHW052344090426

42739CB00011B/2307